KB235306

마음을
아름답게
하는 예절

인지생략
판권본사소유

마음을 아름답게 하는 예절

1쇄 발행 2005년 6월 20일
3쇄 발행 2012년 5월 10일

기획
청소년인성문고편찬회
글쓴이
엄 기 원
그린이
김 혜 선
펴낸이
조 병 철
펴낸곳
한국독서지도회

경기도 일산동구 장항동 680
TEL (031)908-8520 · FAX (031)908-8595
출판등록:1997년 4월 11일 (제 406-2003-016호)

✽ 잘못된 책은 바꿔 드립니다. **값 9,000원**
  ISBN 89-7788-272-9

마음을 아름답게 하는 예절

글 엄기원 | 그림 김혜선

청소년인성문고편찬회

　사람은 '사회적 동물'이라고 합니다. 아무리 재주 있고 똑똑한 사람이라 하더라도 혼자서는 살아갈 수 없습니다. 여러 사람이 한데 어울려 서로 도와야만 살아갈 수 있습니다. 이 모듬살이에는 반드시 질서가 필요합니다.

　그러면 질서란 무엇일까요? 질서란 사회가 올바른 상태를 유지하기 위해 지켜야 할 일정한 차례나 규칙을 말합니다. 이것이 곧 법이란 것이지요. 그러나 우리가 사는 사회에는 법 말고도 예절이란 것이 있습니다.

　오늘날 세계 모든 나라는 예절로써 문화 국민이냐 아니냐의 수준을 나타내고 있습니다.

　우리 민족은 예로부터 예의가 바른 겨레로 알려져 왔습니다. 이 아름답고 자랑스런 '전통 예절'을 우리는 잘 지켜 나가야 하겠습니다. 이 일이야말로 나라 사랑에 가장 큰 구실을 한다고 하겠습니다.

우리는 한 사람의 떳떳한 한국인으로서 남 앞에 나아가 바르게 말하고, 바르게 행동할 줄 아는 지혜를 길러야 합니다. 이것은 결국 '예절'이란 아름다운 생활 습관에서 길러지는 것이라 믿습니다.

아무리 공부를 잘 하여 백 점짜리 시험지를 많이 받는다고 하더라도 사람과 사람 사이에서 지켜야 할 예절을 모르고 올바르게 행동하지 못한다면 무슨 소용이 있을까요?

이 책에서는 초등 학교 고학년 어린이로서 반드시 알고 실천해야 할 생활 속의 예절을 자세히 설명해 놓았습니다.

부디 여러분이 가정에서나 학교에서나 생활하는 데 올바른 '생활의 길잡이'가 되기를 간절히 바랍니다.

차례

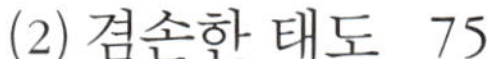

2. 가정 예절

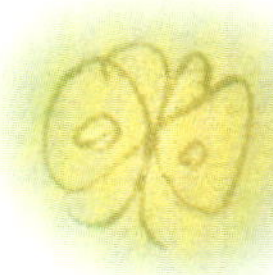

가풍편

1. 나의 존재

(1) 사람의 가치

우리가 살고 있는 이 지구 위에는 수십 억의 많은 인구가 살고 있다. 이 많은 사람들은 저마다 자기의 특징을 지니고 자기의 능력과 노력대로 살아간다.

그러면 사람의 가치란 무엇인가?

사람은 지구상의 온갖 사물들 가운데 가장 으뜸인 만물의 영장이다.

사람은 다른 짐승과 마찬가지로 동물의 한 종류에 속하지만, 오늘날 지구 위의 만물을 정복하고 있는 것이다.

우리 사람이 다른 동물을 다스릴 만한 특별한 힘을 가지고 있는데, 그것은 곧 인간의 문명 때문이라고 할 수 있다. 이 문명은 사람의 뛰어난 지혜와 말과 글로써 이루어진 것이다.

다른 동물이 아무리 영리하고, 힘세고, 특별한 재주를 가지

고 있다하더라도 그들의 말은 몇 가지 안 되는 단순한 소리밖
에 나타내지 못한다. 또 그들의 지혜는 아무리 훌륭해도 글을
만들어 쓰는 사람을 따르지 못한다. 그렇기 때문에 우리 인간
은 만물의 영장이라고 큰 소리 치며 자랑할 수 있는 것이다.
　이제 사람의 가치를 생각해 보자.
　사람이 아무리 만물의 영장이라 하더라도 올바른 사람 구
실을 해야 참된 사람의 대접을 받을 수 있다. 만일 사람이 사

람의 구실을 제대로 못 하면 그야말로 사람의 탈만 썼다고 하
겠다.

　이런 옛시조가 있다.

　마을 사람들아 옳은 일 하자스라.
　사람이 되어 나서 옳지 곧 못하면
　마소를 갓 고깔 씌워 밥먹이나 다르랴.

　이 시조는 사람의 구실과 가치를 읊은 노래이다. 사람으로
태어나서 사람다운 올바른 일을 못하면 결국 말이나 소에게

사람처럼 갓이나 고깔을 씌워 밥을 먹이는 것과 무엇이 다르
겠느냐는 말이다.

  장미는 비록 따가운 가시가 온몸에 붙은 보잘것없는 식물
이지만 아름다운 빛깔과 꽃과 향기를 지니고 있다. 이 고운
꽃과 그윽한 향기가 장미의 가치라고 말할 수 있다.

  집에서 기르는 개를 생각해 보자. 그 동물을 살펴보면 보잘
것없는 짐승임에 틀림없다. 그러나 사람을 잘 따르고, 다른
동물보다 특별히 밝은 눈과 귀를 가지고 집을 지켜 주며, 주
인에게 충복을 다하는 그 특성이 개의 가치를 인정받게 해 주
고 있다.

사람은 아무리 훌륭한 머리와 말과 글을 가지고 있다 하더라도 혼자서는 살 수 없다. 그래서 '사회적 동물'이라고 한다.

가장 작은 단위인 가족의 일원이 되어야 하고, 이웃과 사회와 국가의 한 일원이 되어야 한다.

그런데 그 일원이란 그 사람마다의 가치를 말하는 것이다. 결국 가정과 사회와 국가에 쓸모 있는 사람이 되어서 다른 사람과 어울려 살고, 그러면서 나와 다른 사람에게 도움을 주는 일을 해야 사람으로서의 가치를 발휘한다.

거리에 나가 살펴보면 사람들의 하는 일이 천 가지, 만 가지 다르다. 농사짓는 사람, 장사하는 사람, 정치하는 사람, 학문을 연구하는 사람, 글 쓰는 사람, 그림 그리는 사람, 연극이나 영화 배우 노릇하는 사람, 음악하는 사람, 운동하는 사람, 물건 만드는 사람, 자동차를 운전하는 사람, 사람의 병을 치료해 주는 사람, 약을 짓는 사람, 땅 속에서 석탄을 캐는 사람, 학교에서 학생들을 가르치는 사람, 예수나 석가의 가르침에 따라 다른 사람들에게 마음을 편하게 이끌어 주는 사람 등 이루 헤아릴 수 없이 많은 사람들이 있다. 이 수많은 사람들은 저마다 제각기 그 분야의 공부를 해서 자기와 남을 위해 열심히 일을 하며 살아가고 있는 것이다. 바로 이것이 사람의 '가치'인 것이다.

그런데 우리 사회에는 가치 없는 사람도 더러 있다. 노력을 하지 않고, 비뚤어진 마음으로 살아가려는 사람들이 있다는 말이다. 멀쩡한 정신과 건강한 몸을 가지고도 일하지 않고 남에게 구걸하는 거지, 남의 돈이나 물건을 도둑질하는 사람, 깡패, 교묘하게 속여 돈을 벌려는 사기꾼이나 악덕 상인 같은 사람들이 여기에 속한다.

가치 있는 사람이란 결국 사람 구실을 제대로 할 줄 아는 사람을 말한다.

우리가 학교 공부를 열심히 하는 것은 사람 구실을 제대로 할 수 있는 방법을 배우고 익히는 한 과정이라 하겠다.

(2) '나'라는 사람

'나'는 누구인가?

한번 생각해 보자. 이 지구 위의 수십억 인구 중에 '나'는 오직 한 사람뿐이다. 혹시 똑같은 이름을 가진 사람이 더러 있을지 모르지만 결코 똑같은 내가 아니다.

같은 이름을 가졌더라도 얼굴 생김새가 다르고, 성격이 다르고, 키와 몸무게가 다르고, 버릇과 재주와 취미가 다르지 않은가.

부모, 형제, 집과 환경이 다르다.

결국 이 세상에 '나'란 오직 자신 한 사람뿐이다. 그러므로 이 세상에서 '나' 자신보다 더 값지고 귀중한 사람은 없다. 이

세상 천지를 준다고 해도 '나' 와 바꿀 수 없다. 모든 것은 내가 있으므로 해서 존재하는 것이다.

죽은 뒤에도 많은 사람들로부터 존경을 받고 있는 성인이나 위인들의 이야기를 들어 보고, 전기를 읽어 보면 잘 알 수 있는 것이다. 그들의 공통점은 '나' 의 존재 가치를 바로 알고, 올바로 살다 간 점을 들 수 있다.

'나' 는 한 집안의 귀한 아들이거나 딸이며, 장차 나라의 쓸모 있는 일꾼이 될 어린이임을 잊어서는 안 된다.

2. 나의 가정

(1) 가정과 가족

가정이란 집안 식구가 한데 모여 사는 집을 말하고, 가족이란 한 집안에 사는 사람, 즉 같은 지붕 아래서 한 솥 밥을 먹고 사는 식구를 말한다.

그러므로 가정이 없는 가족이나, 가족이 없는 가정은 상상조차 할 수 없다.

한 가정을 이루는 가족을 보면 옛날에는 할아버지 할머니로부터 손자 손녀에 이르기까지 많은 식구가 한 집안에서 살아왔다. 하지만 요즘은 대개 아버지 어머니를 중심으로 아들 딸로 이루어지고 있다.

그렇기 때문에 식구의 수도 적고, 단출하다. 이렇게 단출한

요즘의 가족을 보면 퍽 오붓하고 단란한 느낌이 든다.

가정은 자기 집을 쓰고 살든, 셋방살이를 하든, 개인 개인의 가장 작은 단위의 모듬살이하는 곳이며, 편안하게 살 수 있는 안식처가 되어 준다.

여름에 더위를 피할 수 있는 곳이고, 겨울에 추위를 피할 수 있는 곳이며, 가족이 모여 이야기하고, 슬픈 일, 기쁜 일을 함께 나누며 살아가는 곳이 가정이다.

우리는 가정이 없이는 살아가기 어렵다.

가정이 없다는 말은 겨레붙이, 즉 가족이 없다는 말과 통한다. 가족이 없으면 말과 정을 나누고 마음의 안식을 가질 수 없으므로 항상 외롭고 쓸쓸하기 마련이다. 물론 밖에 나가면 가깝고 먼 친구들이나 친지도 있기는 하지만 가족만큼 가까울 수는 없다.

아버지 어머니는 힘을 합쳐 열심히 일하고 살림을 꾸려 나가면서, 아들 딸과 그 밖의 집안 식구들의 살아가는 모습을 보며 행복을 느낀다. 아들 딸이 건강하게 자라며, 공부하는 모습을 보며 스스로의 고달픔도 잊어버린다.

또 아들 딸들은 그 형제, 자매, 혹은 남매가 함께 놀고 자라며 아버지 어머니의 사랑을 받을 때 만족하는 것이다.

가족의 행복이란, 크고 아름다운 집에서 살거나 부모가 사회적으로 지위가 높은 것이나, 혹은 자기가 뭐든지 부족한 것 없이 많이 가지고 남에게 뽐내는 것이 아니다.

가족이 분수에 맞게, 힘을 모아 열심히 일하면서 단란하게 사는 것, 그게 행복이라고 할 수 있다.

그러므로 가족의 한 사람으로서 나의 구실을 제대로 해야 즐겁고 바람직한 가정이 이룩되는 것이다.

가정이 원만하지 못하고 항상 싸우거나 불평 불만으로 가득 찬 집안은 결국 가족 한 사람 한 사람이 제구실을 제대로 못하기 때문이다.

기계의 톱니바퀴가 깨끗하고 기름이 알맞게 쳐져 있을 때는 순조롭게 잘 돌아가지만, 기름이 마르고 먼지가 많이 끼면 톱니바퀴는 제대로 돌아가지 못하고 자칫 잘못하면 톱니바퀴의 이가 부러지거나 기계가 고장나 버리고 만다.

가정에서 가족의 역할은 바로 톱니바퀴와 같은 것이다. 나 한 사람이 가족으로서의 구실을 잘 하고 못하는 데 따라서 가정이 행복해질 수도 있고, 불행해질 수도 있음을 알아야하겠다.

(2) 가정이라는 모듬살이

개미나 꿀벌 집단의 모듬살이를 보면 우리가 배울 점이 참으로 많다. 그들의 협동심, 단결력, 근면성, 그리고 충성심, 살기 위한 노력을 보면 우리는 감탄하지 않을 수 없다.

개미나 꿀벌은 보잘것없는 곤충이지만 모듬살이에 있어서

의 규칙이나 질서는 목숨과 맞바꿀 만큼 절대적이다.

그러므로 개미나 꿀벌의 모듬살이에서는 제구실을 못하면 그 집단에서 함께 살 수 없다. 그만큼 그들의 규율과 질서는 엄격한 것이다.

우리 사람에게도 가정이라는 모듬살이에 있어서 규율과 질서는 중요하다.

한 집안의 가장인 아버지의 권위가 인정되어야 하고, 아들 딸은 아버지 어머니의 가르침과 명령에 잘 따라야 한다. 옛날부터 한 집안의 어른에 대한 권위가 제대로 인정되고 따르는 가정은 질서가 지켜지고, 아름다운 가풍이 이루어졌다.

오늘날 청소년들이 집을 뛰쳐나와 이웃이나 사회의 질서를 어지럽히고 스스로 나쁜 길을 걷는 것은 첫째로 가정이라는 모듬살이가 제대로 되지 않았기 때문이다.

어린 시절에 제대로 배워야 할 것은, 학교에서 배우는 교과서 공부는 물론 형제 자매와 더불어 마음으로 생각하고 몸으로 익혀야 할 부모님의 가르침을 잘 받아야 한다. 즉 가정 교육이 아주 중요하다는 말이다.

(3) 가정은 행복의 보금자리

사람에게 있어서 가장 큰 행복의 보금자리는 가정이라고 할 수 있다.

갓난아기는 어머니의 품에서 달콤한 젖을 빨면서 무럭무럭
자라고, 어머니 아버지는 아기가 자라는 모습을 살펴보면서
즐겁게 살아가고 있다.

그 아기가 유년에서 소년으로, 소년에서 청년으로 건강하고
바람직하게 자라는 모습을 보며 부모는 무한한 행복을 느낀
다.

아무리 고된 일을 하고 땀을 흘려도 집에 돌아와 아들 딸이
부지런히 공부하고, 혹은 즐겁게 노는 모습을 보면 하루의 피

로는 금세 가셔지는 것이다.

　어린이도 그런 마음은 마찬가지이다. 학교에서 하루 종일 공부하고, 혹은 밖에서 친구들과 놀다가 집에 돌아왔을 때, 어머니가 반가이 맞이해 주며 부엌에서 맛있는 음식을 장만할 때, 아들 딸들은 마음 흐뭇해질 것이다. 그뿐 아니라, 밖에서 아버지가 일을 마치고 맛있는 과일이나 과자 봉지를 사들

고 돌아오실 때 가족의 기쁨은 크기만 하다.

가족은 일생을 함께 살아간다. 오랜 세월 함께 살다 보면 때로는 다투기도 하고, 의견이 맞지 않아 마음이 불편할 때도 있다. 하지만 그것은 잠시뿐이다. 금방 마음이 풀어지고 사이가 좋아진다. 이것이 가족이다.

가족끼리 싸움이 잦으면 좋지 않다. 그러나 때로 의견이 엇갈리고 말다툼을 할 수 있는데, 이것은 서로를 이해하고 자기 자신과 가정의 발전을 위해서 있을 수 있는 일이기도 하다.

만약 집안의 어른인 아버지 어머니가 집안의 모든 일을 혼자 결정해 버리고 아들 딸에 대해서는 일방적으로 명령하고 지시만 한다면 어떻게 될까?

또, 아들 딸은 부모의 말씀에 그대로 복종만 하는 것이 효도라고 생각하고 무조건 따른다면 어찌 될 것인가?

이것은 결국 하나의 군대 소집단이지 가정이라고 할 수는 없다. 참된 가정이라면 좋은 일에 온 가족이 기쁨을 함께 나누고, 힘든 일에 온 가족이 힘을 함께 모으며, 슬픈 일에 가족이 그 슬픔을 쪼갬으로써 항상 마음을 같이하는 것이다.

세계 여러 나라 사람들이 우리 한국의 가족 제도를 부러워하고 있다. 다른 부자 나라, 선진국에서 우리 나라 국민들의 가정 생활을 부러워하는 까닭은 무엇일까?

그것은 우리 나라 가정의 아름다운 가풍과 가족간의 정을 부러워하는 것이다. 한국의 가정은 늙은 할머니가 귀여운 손자의 코 묻은 얼굴을 혀로 핥아 주는 따뜻한 정이 있다.

위생적으로 생각한다면 코 흘리는 어린 손자의 얼굴을 할머니가 혀로 핥아 준다는 것이 바람직한 일이 아니다. 그러나 할머니가 얼마나 손자가 귀여웠으면 그 코흘리개 지저분한 얼굴을 입으로 핥아 줄까? 이것은 인간의 깊은 정과 사랑이 아니면 도저히 있을 수 없는 일이다.

옛날에는 어머니의 목숨을 조금이라도 연장시키기 위하여 손가락을 깨물어 그 피를 어머니 입에 넣어 주는 아들의 지극한 효성도 볼 수 있었다.

이러한 우리 나라 가정의 따뜻한 정과 아름다운 가정의 전통을 외국 사람들은 몹시 부러워하는 것이다.

사랑과 정이 얽힌 가정이야말로 모든 사람의 따뜻한 보금자리라고 할 수 있다. 아무 근심과 걱정 없이 편안히 쉬고 살 수 있는 곳, 이것이 곧 가정이다.

오늘날 청소년들이 가정을 박차고 거리로 나와 온갖 못된 행동을 하고 돌아다니는 것을 간혹 볼 수 있다. 이 청소년들에게는 가정이 그들의 보금자리 역할을 못하기 때문에 집을 버리고 거리로 뛰쳐나와 온갖 불량한 행동을 하고 있는 것이다.

가정이 우리들의 행복한 보금자리가 되도록 다같이 힘쓰고 노력해야 하겠다.

3. 친척과 가문

(1) 친척이란 무엇인가?

친척이란 친족과 척족을 합쳐서 이르는 말이다. 그러면 친족과 척족이란 어떤 관계에 있는 사람들일까? 우리는 이 관계를 반드시 알아 둘 필요가 있다.

친족이란 나를 중심으로 하여 아버지 계통을 말한다. 그리고 어머니 계통의 외족이나 부인 계통의 처족을 척족이라고 한다. 그러니까 친척이란 친족과 척족을 줄여서 쓰는 말이다.

친척의 관계를 좀더 쉽게 알려면 다음 표를 살펴보자.

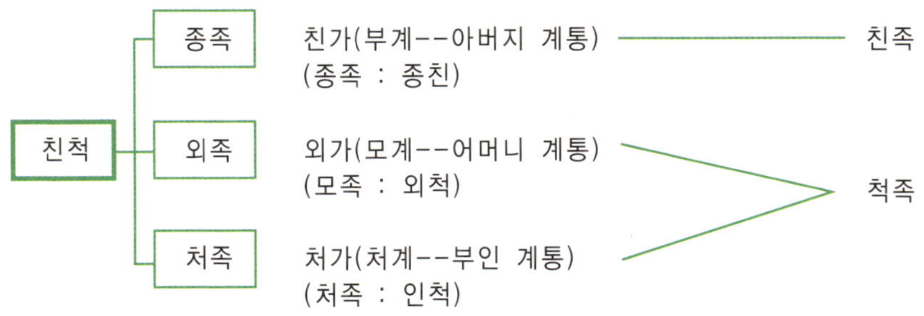

종친이란 말은 같은 성을 가진 일가를 말한다.

촌수가 가까운 일가는 촌수에 따라 아저씨, 형님, 당숙, 사촌 등으로 부르지만, 촌수가 아주 멀거나 정확히 모를 때는 그냥 종친이라고 부른다.

친척의 관계는 보통 촌수로 따진다. 남자와 여자가 본시는 남남이지만 결혼을 하면 한몸과 같으므로, 이는 촌수가 가장 가까워 무촌이 된다. 즉 우리들의 아버지 어머니 사이는 무촌

이다. 그러나 아버지와 나 사이는 촌수로 1촌이 되고 형·
제·자·매 사이는 2촌이 된다.

또 아버지의 형제 자매는 나에게 3촌이 되나, 아버지의 형
님은 나에게 큰아버지, 아버지 동생은 작은아버지, 아버지의
누님이나 여동생은 고모라 부른다. 큰아버지, 작은아버지를
한자말로 백부, 숙부라 부른다.

어머니의 오빠나 남동생은 외삼촌 혹은 외숙이라 하고, 어
머니의 언니나 여동생은 이모라고 한다.

나를 중심으로 아버지 형제와 나의 형제 관계를 표로 그리
면 다음과 같다.

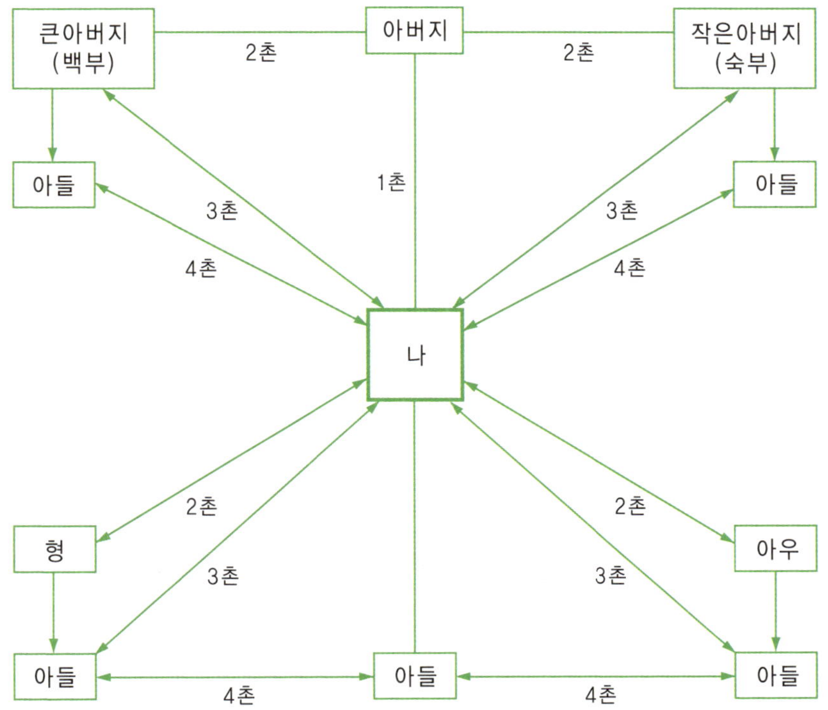

요즘의 가정은 아버지 어머니를 중심으로 핵가족화되어 적은 식구가 한 집에 살기 때문에 친척에 대한 생각이 점점 엷어지고 있는 형편이다. 그래서 어떤 가정에서는 3촌, 5촌, 7촌의 정확한 촌수도 모르고 무조건 삼촌이라고 부르는 경우도 볼 수 있다.

내가 삼촌을 부를 때 보통 결혼하기 전에는 그냥 삼촌이라고 불러도 괜찮지만 결혼하면 숙부가 되는 것이다. 또 5촌은 당숙, 7촌은 재당숙이 된다. 그 부인들은 숙모, 당숙모, 재당숙모가 된다.

이런 항렬에 따른 이름을 제대로 부르지 않으면 촌수를 모두 잊어버리고 말게 된다.

(2) 가정과 가문

앞에서 말했듯이 가정이란 나의 행복을 심어 주는 보금자리라 할 수 있다. 그러나 가정이 나의 보금자리라고 해서 집안에서 내가 하고 싶은 대로 버릇없이 구는 것은 좋지 않다. 가정은 어른과 아이, 늙은이와 젊은이, 어린이의 질서가 따라야 하는 것이다.

가문이란 그 집안의 신분이나 지위를 말한다.

내가 훌륭한 사람이 되어 사회나 국가에 큰 일을 하는 것은 곧 우리 집안의 가문을 빛내는 일이 된다.

　옛날에는 성씨에 따라 양반과 상민, 즉 귀한 사람과 천한 사람의 신분이 따로 정해져 있었다. 그래서 남의 종으로 있는 사람이 아무리 훌륭한 일을 할지라도 종의 신분을 벗어나지 못했던 것이다.

　그러나 오늘날은 그런 제도가 없어졌다. 그러므로 누구나 자기의 재질과 능력을 잘 길러 국가와 겨레를 위하여 큰일을 할 수 있다.

　문학, 과학, 의학, 정치, 경제, 예술, 체육, 종교, 군사 그 밖의 모든 분야에서 훌륭한 일을 할 수 있는 것이다.

우리 역사상 훌륭한 위인들의 업적을 살펴보자.

최치원, 최충, 율곡, 퇴계 등은 학문으로써 크게 공헌하였고, 을지문덕, 김유신, 강감찬, 서희, 이순신, 권율, 임경업 등은 장군으로써 나라를 지키는 데 크게 공헌하지 않았던가?

솔거, 담징, 백결, 우륵, 왕산악, 박연, 김정희, 김홍도 등은 그림, 글씨, 음악 등 예술로 큰 업적을 남긴 분들이었으며, 최무선, 문익점, 장영실, 정약용, 우장춘 등은 과학과 경제 발전에 공헌한 분들이다.

세종 대왕, 성삼문, 정인지, 주시경, 최현배 등은 우리의 글인 한글을 만들고, 갈고 닦는 데 큰 업적을 남기신 분들이다. 또 안중근, 이준, 윤봉길, 김구, 안창호, 유관순, 이승만 등은 독립 운동에 몸바친 어른들이다.

이러한 어른들은 나라와 겨레를 위하여 큰 일을 하였기 때문에 그 집안에서는 가문을 빛낸 조상으로 크게 자랑하고 있는 것이다.

우리의 가까운 친척 중에서 사회적으로 이름을 떨치는 어른들이 있으면, 그 본인은 물론 그분과 관계되는 모든 사람들도 자랑스럽게 여긴다.

4. 가문의 내력

(1) 한 집안의 내력

어느 집이든 그 집안의 내력이 있다.

여러분은 족보란 말을 들어 본 일이 있는가? 족보(族譜)란 성씨의 내력을 자세히 적은 책을 말한다. 그 책에는 그 집안의 첫 조상으로부터 대를 이어 내려오면서 살다 간 모든 사람의 이름과 그가 살아서 지낸 벼슬 이름과 죽어서 묻힌 곳 등이 적혀 있다. 그래서 가정에서는 족보를 귀중히 여기고 있다.

현대의 어떤 가정에서는 자기 집안 식구들의 성장에서부터 죽을 때까지의 한 일을 자세히 기록하고 있다. 이것은 개인의 일기와는 좀 성격이 다르지만 집안 내력을 이해하는 데 귀중한 자료가 될 수 있다.

우리가 훌륭한 위인의 전기를 읽어 보면 그 글에는 반드시 그 집안의 내력이 소개되고 있다.

우리 속담에, '왕대 그릇에서 왕대가 난다', '콩 심은 데 콩 나고 팥 심은 데 팥 난다'는 말이 있다.

훌륭한 가정에서 훌륭한 인물이 난다는 말과 통한다.

학자의 집안에서는 전통적으로 학자가 많이 배출되고, 예술가의 집안에서는 예술가가 많이 나는 것은 그만큼 가정의 내력과 전통이 큰 구실을 하기 때문이다.

◉ 스무 달 만에 태어난 아기

신라 시대 삼국을 통일한 김유신 장군은 가락국의 시조인 수로왕의 12대손으로 왕족의 피를 타고났다.

수로왕은 42년(신라 유리왕 19년), 오늘날의 김해 지방에 나라를 세웠다. 그 뒤 그 자손들이 왕의 자리를 이어받아 제10대 구해왕에 이르렀다.

532년(구해왕 12년)에 가락국은 신라에 합쳐졌는데, 그 때 구해왕은 왕비와 아들 삼 형제를 데리고 신라의 서울인 금성(지금의 경주)에 가서 살았다고 한다.

구해왕의 셋째 아들이 곧 김유신의 할아버지인 김무력이다. 김무력은 신라의 군주(주의 장관)까지 지냈는데, 544년에는 백제와의 싸움에서 성왕(백제 제26대 왕)을 비롯하여 백제 장수 4명과 3만 명에 가까운 군사를 무찔러 큰 공을 세웠다.

　김유신의 아버지 김서현은 소판, 안무 대량주제군사, 대량주 도독 등의 벼슬을 지낸 훌륭한 장수였다.

　또 김유신의 어머니 만명 부인은 진흥왕(신라 제24대 왕)의 아우인 숙흘종의 딸이다. 이렇듯 뼈대 있는 집안에서 태어난 김유신은 훗날 백제와 고구려를 공격하여 삼국 통일의 위업을 이룩하는 신라 명장이 되었다.

　김유신의 집안 내력을 보면, 그 시조는 가락국을 세운 수로왕이다. 그의 할아버지, 아버지 또한 신라의 공신이며 이름 있는 장수들이었는데, 어머니도 왕족이었으니 그 훌륭한 가문에서 어찌 훌륭한 자손이 태어나지 않겠는가?

　신라 진평왕 15년(서기 593년) 가을 어느 날 밤이었다. 하늘에는 푸른 별들이 유난히도 반짝이는 밤이었다.

　만노군(지금 충청 북도 진천)의 태수 김서현은 만명 부인이 꾼 꿈 이야기를 듣고 매우 즐거워하였다. 금빛 갑옷을 입은 동자가 하늘에서 내려와 아내의 품에 안긴 그 꿈은 분명 집안에 경사가 있을 징조였기 때문이다.

　"부인, 사실은 나도 얼마 전에 이상한 꿈을 꾸었소."

　김서현도 꿈 이야기를 하였다.

　"내가 밤하늘을 쳐다보고 있으려니까, 수많은 별 가운데 유난히도 크고 밝게 반짝이는 진성이 점점 커지더니 순식간에 안마당으로 떨어지더군."

　"무슨 경사가 날 꿈인가 봐요?"

만명 부인이 눈을 동그랗게 뜨고 물었다.
"별이란 큰 인물에 견주어 생각할 수 있소."
"그렇다면 큰 인물이 우리 집에 찾아와 도와 준다는……."
김서현은 아내의 말끝을 웃음으로 막아 버리고, 천천히 꿈
풀이를 하였다.
"금빛 갑옷을 입은 동자가 바로 큰 인물이 될 아기가 아니
겠소? 바로 그 아기가 내려와서 당신 품에 안겼으니……."

“아아, 우리에게 큰 인물이 될 자식이 태어난다. 이 말씀이
군요?”

만명 부인의 환한 얼굴이 잘 익은 복숭아처럼 발그레해졌
다.

김서현은 술상을 차려 오게 하여 거푸 몇 잔을 마시고 나서
중얼거렸다.

“우리 신라에 큰 일을 할 인물이 태어났으면…….”

과연, 이튿날부터 만명 부인에게 태기가 있었다.

그 후 열 달이 지나갔다. 만명 부인의 배는 몹시 불렀다.

'이제 곧 훌륭한 아기가 태어나겠지.'

남편 김서현은 이렇게 마음먹고 아기의 탄생을 기다리고 있었는데, 아기는 태어나지 않았다.

'웬일일까?'

김서현은 몹시 걱정이 되었다. 열한 달, 열두 달, 열석 달…… 달수는 계속 지나갔다.

마침내 만명 부인은 스무 달 만에 아기를 낳았다. 때는 서기 595년(진평왕 17년) 초여름이었다.

아기는 몸집이 매우 크고 튼튼하였다. 아기 등에는 7개의 점이 북두칠성 모양으로 박혀 있었다.

"부인, 이 아기는 하늘이 내린 아이라는 생각이 드는구려."

"꿈 이야기가 정말 이렇게 들어맞을 줄은 몰랐어요. 이름을 잘 지으세요."

김서현은 며칠 동안 곰곰 생각하여 아기의 이름을 지었다.

"예로부터 해나 달이나 별이 들어가는 글자로는 이름을 짓지 않는 법이라 무척 고민했습니다. 경진(庚辰) 날 밤에 아기를 얻었으니 경(庚)자와 비슷한 유(庾)자와 진(辰)자와 음이 비슷한 신(信)자를 따서 유신이라고 지읍시다."

"유신……? 참 좋아요."

만명 부인도 만족해하였다.

이렇게 하여 명가의 집안에서 명장 김유신 장군이 태어났다.

김유신이 태어난 진천 땅에 그의 태를 묻었다는 말이 전해 내려오는데, 태령산이 곧 그 곳이라 한다.

⊙ 학문으로 이름을 빛낸 성삼문

1418년(조선 태종 18년) 여름이었다. 충청도 홍성 땅 적동리라는 조그만 마을, 여남은 채 남짓한 집들이 옹기종기 모여 있는 이 마을에 무관인 성승(成勝)이란 사람의 처가가 있었다. 이 집에는 성승의 아내가 첫아기를 낳으러 와 있었다.

이 날, 성승의 아내는 초저녁부터 산기가 있어 몹시 괴로워하고 있었다. 온 집안 식구들이 초조한 마음으로 아기 낳을 때를 기다리고 있었다.

밤이 이슥해지자 어느덧 무더위도 가시고 제법 선선한 바람이 불어와 뒷뜰에 있는 감나무 가지를 흔들어 대고 있었다.

감나무 아래에는 돗자리가 깔려 있고, 그 위에 있는 상에는 정화수 한 그릇이 동그라니 얹혀 있었다. 친정 어머니가 딸의 순산을 기원하기 위해 마련한 것이다.

어머니는 초저녁부터 안방과 뒷뜰을 들락거리며 몇 차례 치성을 드렸다.

달이 중천에 떠오를 무렵, 어머니는 다시 뒷뜰로 나가 치성을 드렸다. 그리고 안방으로 가기 위해 앞마당으로 나왔다.

바로 그 때 어디선가,

“낳았느냐?”

하고 묻는 소리가 희미하게 들려 왔다.

어머니는 의아하여 주위를 두리번거렸다. 그러나 아무도 보이지 않았다.

‘이상한 일이군. 분명히 무슨 소리가 났는데…….’

어머니는 고개를 갸웃거리며 대청에 올라섰다. 그러자 이번에는 좀더 또렷하게,

“낳았느냐? “

하는 소리가 들려 왔다.

어머니는 깜짝 놀라 그 자리에 멈춰섰다.

‘이건 분명 사람의 목소리가 아니다. 그렇다면 신령님께서……!’

어머니는 얼른 뒷뜰로 달려갔다. 그리고 정화수 앞에 꿇어 앉아 다시 빌었다.

“신령님이시여. 아직 저의 딸은 아기를 낳지 않았나이다. 비나이다. 딸의 몸에서 성씨 가문의 대를 이을 사내 아이를 낳게 하여 주시옵소서. 그리하여 그 아이로 하여금 이 나라의 큰 일꾼이 되게 하여 주옵소서, 비나이다. 비나이다. 신령님께 비나이다.”

어머니는 정성껏 빌었다.

한참을 빌고 난 어머니는 안방으로 들어갔다. 어머니는 산고를 겪고 있는 딸의 손을 잡고, 신령님의 목소리가 다시 들

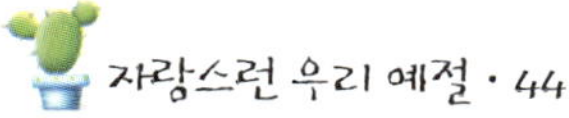

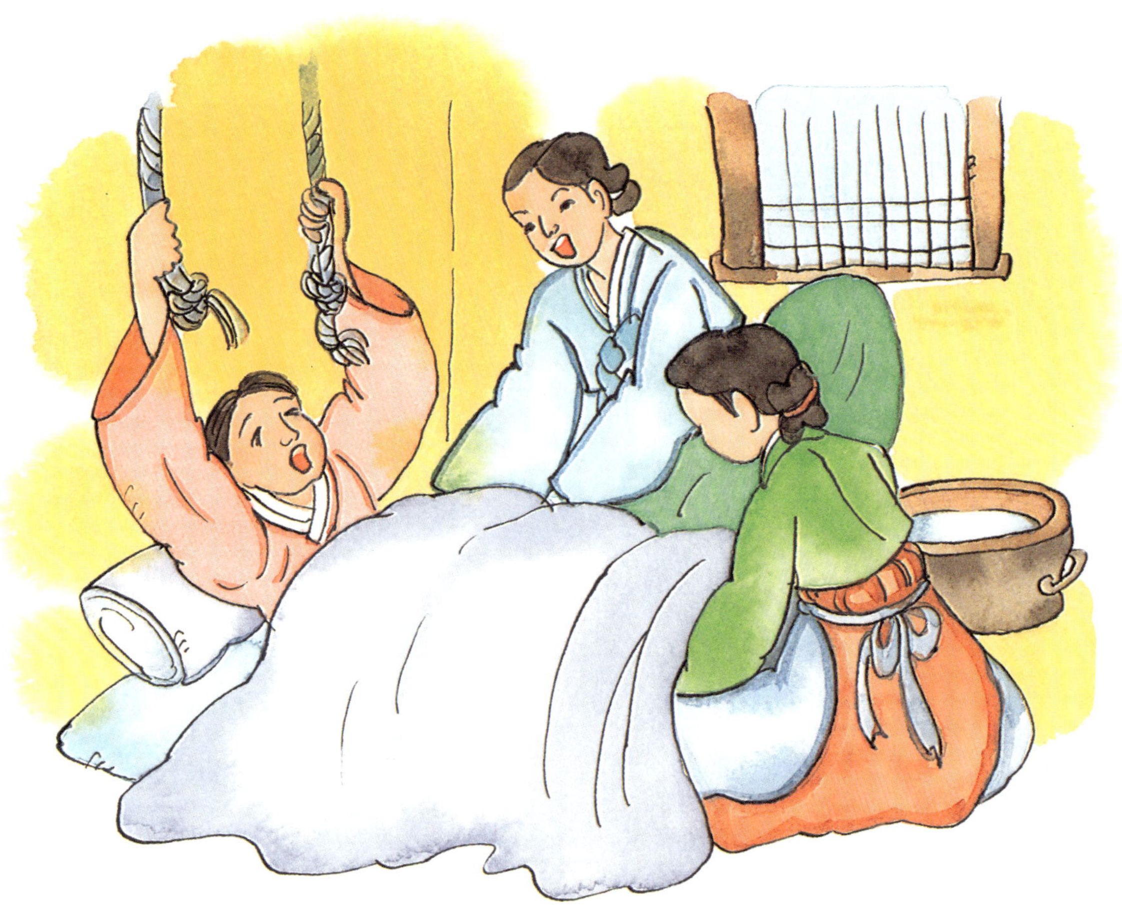

려 오기를 기다렸다.

　얼마가 지났을까? 이번에는 아주 또렷하게,

　"낳았느냐?"

하고 소리가 났다. 그와 때를 같이하여,

　"으아앙!"

하고 갓난아기의 울음소리가 터져 나왔다.

　"애야, 고추다. 고추야!"

친정 어머니는 기뻐서 어쩔 줄 몰랐다. 아기의 울음소리는 아주 우렁찼다.

어머니는 밖으로 뛰어나와 하늘을 우러러보며 세 번 큰절을 올렸다.

"신령님이시여, 저의 소원을 들어 주서서 고맙습니다."

그러고 나서 어머니는 부엌으로 들어갔다. 미리 마련해 두었던 쌀을 내다가 새로 길어 온 우물물에 정성들여 깨끗이 씻었다. 어머니는 그 속쌀뜨물을 받아 미역국을 끓였다.

"꼬끼오……."

어느덧 새벽 닭 울음소리가 들려왔다.

그 당시 아기의 할아버지 되는 성생달은 함길도(지금의 함경 남북도) 병마절도사로 가 있었다.

그는 천문에 관하여 깊은 지식을 가지고 있었다. 성생달은 아기가 태어날 때의 괴이한 이야기를 듣고 이렇게 탄식하였다.

"허, 참으로 아깝도다. 처음 물음에 맞춰 태어났더라면 훌륭한 재상이 되었을 것을……. 쯧쯧쯧…… 정말 아깝도다. 허나 세 번째에라도 낳았으니 재상은 못 되더라도 장차 세상에 크게 이름은 떨치리라. 하늘의 물음이 세 번 있었다니 아기의 이름을 삼문이라고 하여라."

이렇게 하여 아기의 이름은 삼문(三問)이 되었다고 한다.

조선의 대학자요 사육신의 한 사람으로서, 역사상 보기 드문 지조와 충절의 인물 성삼문의 태어난 이야기이다.

(2) 가문의 전통

집안의 큰 자랑거리는 자손 대대로 물려가며 이어받고 잘 보존해야 한다.

대개 가문의 큰 자랑거리는 그 성씨 중 역사적인 큰 인물을 손꼽는데, 그 자랑스러운 인물의 일화나 생전에 쌓은 업적을 누구보다도 그 자손들이 자세히 알고 남에게 이야기해 준다.

이렇게 좋은 계통을 밟으며 오래 내려가는 일은 우리 나라 사람이나 다른 나라 사람이나 마찬가지이다.

영국이나 독일 같은 나라의 국민들은 그 가문의 전통을 대단히 중요하게 여기고 있다.

옛날 자기 조상들이 쓰던 하찮은 물건 하나라도 아주 소중히 간직하고, 다른 사람들에게 자랑하는 그 정신이야말로 우리들이 본받을 점이라 여겨진다.

우리 나라 사람들은 성씨별로 종친회, 화수회 등을 만들어서 그 성의 시조나 가문의 훌륭한 어른을 받드는 제사를 올리고 조상의 유덕을 기리는 풍습이 있는데, 이는 가문의 전통을 지키는 좋은 예라고 할 수 있다.

우리는 훌륭한 옛 어른이 이룩한 업적이나 높은 인격과 덕만 기리는 것이 아니라, 그런 어른을 본받아 나도 훌륭한 사람이 되도록 노력하는 자세가 필요하다.

고려 말의 최무선은 우리 나라에서 처음으로 화약과 병기를 연구 발명한 과학자인데, 그 아들 해산이 아버지의 유업을 대를 이어서 연구해 발명가로서 나라에 이바지하였던 것이다.

화랑 관창의 이야기도 가문의 전통을 잇는 자랑스런 이야기로 전해지고 있다. 김관창은 신라의 화랑으로 품일 장군의 아들이며 김유신 장군의 조카이기도 하다.

무열왕 7년(서기 567년)에 신라는 김유신 장군을 대장군으로 삼고 진주, 천존, 품일, 흠춘 장군들이 그의 뒤를 따라 백제를 치러 떠났다.

금돌성을 무난히 점령하고 백제의 서울로 쳐들어가는 길에서, 신라군은 황산벌 싸움에서 계백 장군이 거느린 백제군과 네 번 싸워 네 번 다 패하고 말았다. 그래서 신라군의 사기는 아주 땅에 떨어져 다시 싸울 용기조차 잃어버리고 말았다.

이 때 품일 장군이 막사에서 아들 관창을 불렀다.

"아버님, 부르셨습니까?"

달려온 관창이 두 손을 모으고 허리를 굽혔다.

"관창아, 너도 반굴의 싸움을 보았느냐?"

품일 장군은 침통하고도 엄숙한 얼굴로 아들 관창에게 물었다.

"예, 반굴은 용감했습니다."

“너도 그처럼 싸울 수 있겠느냐?”

“아버님, 죽음을 무릅쓰고 싸우겠습니다.”

“그래 잘 생각했다. 너는 신라의 화랑이니라. 화랑답게 죽을 수 있겠지?”

“예, 부끄러운 죽음을 하지 않겠습니다.”

“오냐! 너의 싸움을 우리 신라 군사가 지켜볼 것이다. 아니 상감께서도 보고 계신다. 용감히 싸우고 죽어라.”

“예, 아버님.”

“관창아, 화랑의 5계를 잊지 말라.”

“이번에 싸움터에 나가면 반드시 적장 계백의 목을 잘라 오겠습니다.”

“장하다. 내 아들아! 어서 가거라. 살아서 돌아올 생각은 말아라.”

“예.”

“한시가 급하다. 어서 가거라.”

“예, 소자 화랑 관창 물러가 명예롭게 싸우겠습니다.”

관창은 아버지 품일 장군께 공손히 절하고 막사를 물러나왔다. 그리고 그 길로 말을 달려 쏜살같이 적진을 향했다.

그러나 혼자서 쳐들어간 화랑이 수천의 적병을 당할 수 있겠는가? 적병 십여 명을 무찌르고 그만 말에서 떨어져 사로잡히고 말았다.

백제의 계백 장군은 홀로 적진으로 뛰어들어 열 겹, 스무

겹 에워싼 가운데서도 조금도 굽힘 없이 날뛰던 신라의 용맹
한 장수가 복숭앗빛 볼을 한 어린 소년인 데 크게 놀랐다.
　'신라에는 훌륭한 화랑이 많다더니, 과연 그렇구나! 어린
소년이 저러하거늘 어른들이야 더 말할 나위 있으랴.'
　계백 장군은 사로잡혀 온 관창의 목을 자르려다가 너무도
어리고 용맹하며 충성스러운 데 감탄하여 그대로 말에 태워
살려 보냈다.
　"아버님!"

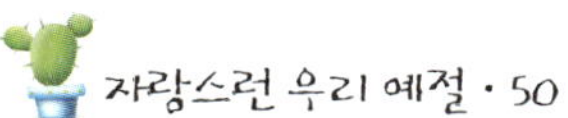

관창은 말에서 내려 아버지 품일 장군 앞에 무릎을 꿇었다.
"네가 누구냐? 내게 아버지라 부르는 네가 누구냐 말이다."
품일 장군은 눈을 똑바로 뜨고 관창을 바라보며 소리쳤다.
"아버님의 아들 관창이옵니다."
"내 아들 관창은 지금 없느니라. 백제의 진으로 쳐들어갔으
니까 벌써 죽었을 게다."
"아버님, 관창은 적진에서 이렇게 살아서 다시 돌아왔습니
다."

“내 아들 관창이, 자랑스런 화랑 관창이 다시 돌아오다니 그럴 리가 없다. 죽지 않고 돌아온 사람은 내 아들이 아닐 것이다. 내 아들 관창은 싸움터에서 물러날, 그런 비겁하고도 목숨을 아낄 겁쟁이 녀석은 아니다.”

“아버님, 소자는 적장이 보내 주어 왔을 뿐입니다. 소자는 아버님의 깊은 뜻을 미처 헤아리지 못했습니다. 이번에는 적진 속으로 들어가 반드시 계백의 깃발을 꺾고 목을 치겠습니다. 아버님……”

관창의 눈에서는 두 줄기 눈물이 발그레한 뺨으로 흘러내렸다. 그러나 그 눈은 다시 빛났다.

“소자 적진을 행해 달려가겠습니다.”

두 손 모아 절을 한 관창은 막사를 나와 말에 올랐다.

구름 같은 먼지를 일으키며 말을 달려 적진으로 쳐들어간 관창은 이번에도 십여 명의 적을 무찌르고 다시 사로잡혔다.

계백 장군은 붙잡혀 끌려오는 관창을 바라보고 있었다.

“듣거라, 관창.”

계백 장군은 조용히 입을 열었다.

“듣기 싫다. 어서 내 목을 쳐라.”

관창의 애띤 목소리는 날카로웠다.

“너를 살려 보냈는데 어찌 또 왔느냐? 목숨이 아깝지 않더냐?”

계백 장군은 관창이 자기 아들 같은 생각이 들어 측은한 눈으로 바라보며 말했다.

"화랑은 싸움에 임해서 물러서지 않는 법, 내 어찌 죽음을
두려워하겠느냐!"

"흠, 아까운 용사로다."

계백은 고개를 끄덕이며 감탄했다.

"돌려보내어 나를 욕되게 하지 말고 어서 죽여라."

"음, 신라는 훌륭한 군사를 가졌구나! 네 목숨을 살려 주고
부귀를 누리도록 해 줄 테니 백제에 항복함이 어떠냐?"

"우리 신라는 그런 비겁한 군사는 한 사람도 없다. 어서 죽
여라. 나는 신라의 화랑이다."

"허허허…… 관창의 뜻이 장하도다."

계백 장군은 너털웃음을 웃으면서 관창의 당돌하고도 굽힐
줄 모르는 애국심에 감탄하였다.

"너의 뜻이 그렇다면 하는 수 없지. 참으로 아까운 소년이
로고."

계백 장군은 관창을 그대로 돌려보낼 수 없어서 할 수 없이
목을 잘라 말안장에 매달아 돌려보냈다.

관창의 목이 말안장에 매달려 돌아온 것을 본 아버지 품일
장군은 관창의 머리를 들고, 목에서 흐르는 피를 옷소매로 씻
어 주었다.

"관창아, 잘 죽었다! 과연 내 아들, 자랑스런 신라의 화랑이
로다."

이윽고 품일 장군의 눈에서 뜨거운 눈물이 흘러내렸다.

"원수를 갚자. 백제를 치자!"

신라 군사들은 관창의 주검을 보자 복수심에 불탔다.

"여러분! 백제는 우리의 화랑 두 사람의 목을 쳤다. 반굴, 관창의 죽음이 헛되지 않게 나가 싸우자!"

"그렇다. 죽을 때까지 싸워서 원수를 갚자!"

"백제의 계백 목을 치자."

"사비성을 빼앗자."

신라 군사들은 성난 사자와 같이 황산벌로 내달았다.

어린 소년 화랑 관창의 죽음은 마침내 신라군의 승리를 가져오게 하였고, 삼국 통일 위업의 밑거름이 되었던 것이다.

'그 아버지에 그 아들' 이란 말이 있다.

관창은 겨우 열여섯의 아까운 나이에 황산벌에서 죽어 갔지만, 그의 아름다운 꽃은 천 년을 두고 피어 있어 향기롭기만 하다. 또한 신라 품일 장군 가문의 전통은 오늘의 우리들에게도 큰 교훈을 주고 있다.

5. 가풍과 가훈

(1) 집안에 풍기는 자랑과 향기

우리는 흔히 잘 사는 부잣집을 부러워한다. 크고 화려한 집과 편리한 가구, 아름다운 정원과 번쩍거리는 자가용 승용차 등 넉넉한 살림살이를 말이다.

그것은 우리 조상들이 대대로 가난하게 살아왔기 때문에 항상 물질적인 욕심을 버리지 못하고 남의 잘 사는 모습을 부러워하는 것이다.

그러나 정신을 가다듬고 다시 한 번 생각해 보자. 정말 부러워해야 할 것이 무엇인가를.

물론 우리의 살림살이가 끼니를 잇지 못할 정도로 구차하면 그것은 곤란하다. 그러나 밥을 굶지 않을 정도의 살림이라면 우리는 남의 사치스러운 생활을 부러워할 필요는 없다.

그것보다 행복하게 살아가는 사람들의 생활 태도를 본받아야 할 것이다.

그러면 행복이란 무엇인가? 무엇이든 물질적으로 많이 가지고, 무엇이든 흥청망청 쓰는 것을 행복으로 생각하면 그건 큰 잘못이다.

알맞게 가지고 알맞게 쓰며, 온 가족이 항상 서로 돕고 이해하고 웃으며 성실하게 살아가는 자세, 그것이 행복이라고 하겠다.

어느 마을에 잘 사는 부잣집과 가난하게 사는 집이 이웃해 살고 있었다.

부잣집 가족들은 하루도 마음 편할 날이 없었다. 거지가 동냥을 온다고 성가시게 여기며, 중이 시주를 온다고 짜증을 냈다.

가난한 이웃들이 쌀이나 돈을 꾸러 온다고 욕하고, 꾸어 준 쌀이나 돈을 제때 갚지 않는다고 분해하였다.

아들 딸들이 커서 결혼을 하는데 혼수며 살림 장만하는 데, 돈이 많이 든다고 걱정, 결혼 잔치에 이웃 사람들이 구경 와 음식을 많이 먹는다고 걱정…… 이래저래 걱정이 가실 날이 없었다.

얼마 후에 그 부잣집 영감이 죽고 말았다. 그러자 재산 때문에 형제들이 머리가 터지도록 싸웠다.

"나는 맏형이다. 부모의 제사를 모셔야 하니 내가 재산의 3분의 2를 차지해야지."

"뭐요? 그렇다면 제사를 내가 모시겠어요. 재산을 절반 갈라 주시오."

"이놈아, 이 못된 놈 같으니, 네깐놈이 무슨 자격으로 재산의 반을 갖는단 말이냐!"

"형이면 다요?"

이렇게 부모의 유산으로 형제는 원수지간이 되고 말았다.

가난한 이웃 사람들이 결혼 잔치를 축하해 주러 와서 술 한 잔, 국수 한 그릇 먹는 것도 아까워 배를 앓는 부잣집 주인이나, 부모의 유산 때문에 원수가 되어 버린 형제나 모두가 불행한 사람들이 아니고 무엇이랴!

부잣집 옆에 살고 있는 가난한 오막살이 가족의 살아가는 모습은 몹시도 정다웠다.

아버지와 아들은 산에 가 나무를 해서 팔거나, 약초를 캐다 팔아서 양식을 갈아 먹고 살았다.

시어머니와 며느리는 길쌈을 하여 살림에 보태었다. 아들과 며느리는 부모를 공경하고, 늙은 부모는 아들과 며느리를 끔찍이 아끼며 언제나 밝은 얼굴로 살았다.

비록 조그만 오두막집에서 가진 것 없이 살아가지만 항상 마음 편안히 서로 아끼고 사랑하며 살아갔다. 그 집 사립문 안에 들어서면 따뜻한 정과 웃음빛이 감돌았다.

거지가 와도, 시주승이 들러도, 따뜻하게 맞이해 주었다. 누가 와 보아도 편안한 마음이 생기는 집이었다.

집안에 풍기는 자랑과 향기란 어떤 것일까?

학자의 집 안에 들어서면 조용하고 공부하는 분위기를 느낄 수 있다. 예술가의 집에 들어서면 예술의 향기를 맡을 수 있다.

가족이 단란하게 서로 이해하고 도우며 사는 가정은, 그 집 안에 들어서면 따뜻하고 정다운 분위기를 느끼게 되지만, 가족이 협조할 줄 모르며 항상 잘 싸우는 집안은 마당이나 방 안이나 찬바람이 감돈다.

어른들이 교양 있고 말씨 고운 집은 아이들도 예의바르고 말씨가 조용하다. 이러한 집안의 분위기는 눈에 보이지 않지만 금방 느낄 수 있는데, 이런 집 분위기가 곧 가풍으로 이어지는 것이다.

오순도순 정다운 대화가 꽃피는 가정, 조용조용 책 읽는 소리가 들리는 가정, 형제 자매들의 노랫소리가 고운 화음으로 울려 퍼지는 집안!

얼마나 흐뭇하고 아름다운 분위기일까?

집안에 풍기는 따뜻하고 아름다운 분위기는 곧 그 집의 자랑과 향기라고 말할 수 있다.

(2) 콩 심은 데 콩 나는 진리

중국의 맹자 어머니는 남편을 일찍 여읜 과부였다. 그러나 혼자 떡장사를 하고 남의 집 삯바느질을 하면서 아들 맹자를 교육시켰다.

옛날에는 아버지 없이 홀어머니 밑에서 자란 아이는 가정 교육을 제대로 받지 못한 버릇없는 자식으로 멸시를 당하기 일쑤였다. 맹자도 곧잘 친구들로부터 아비 없는 호래아들이라고 놀림을 받았다.

맹자 어머니는 아들을 바르게 키우기 위하여 여러 곳으로 이사를 다녔다. 처음으로 이사를 간 곳은 시장 근처였다. 그 곳은 항상 사람들이 모여 물건을 사느라고 시끄러웠다.

"자, 싸구려. 닭 사시오."

"콩 한 되에 두 푼이오."

맹자는 소꿉놀이를 하며 장사꾼 흉내를 냈다. 날마다 보고 배우는 것이 물건 사고 파는 것뿐이었다.

'안 되겠다. 어린 것이 배우는 게 장사하는 것뿐이니…….' 하고 안타깝게 여긴 맹자 어머니가 이번에는 좀 조용한 곳을 찾아 이사를 하였다.

그러나 이 곳은 근처에 공동 묘지가 있었다.

"아이고, 아이고, 왜 벌써 죽었나? 아이고, 원통해라."

"어~호, 어~호, 어이 가리 어호, 북망 산천 멀다더니 돌아 누우니 여기로다. 어~호 어~호……."

이번에는 날마다 곡하고 상여 메기는 소리 흉내만 내는 것이었다. 하는 수 없이 다시 집을 옮겼다. 이번에는 서당이 있

는 곳이었다.

맹자는 날마다 서당에 다니면서 꿇어앉아 책 읽는 흉내를 내고, 어른 앞에 공손히 인사하는 흉내를 냈다.

'역시 콩 심은 데 콩 나고, 팥 심은 데 팥 난다는 말이 맞구나.'

맹자 어머니는 서당 있는 마을에 집을 마련하고 어린 맹자를 서당에 보내 글을 가르치면서 열심히 뒷바라지를 했다. 그리하여 훗날 대학자로 성공시킨 것이다.

가정이나 이웃이나 사회나 그 환경과 분위기란 이렇듯 중요한 역할을 하고 있다.

(3) 가훈

바른 인간이 되는 길잡이가 되는 가르침은 여러 가지가 있다.

학교의 가르침은 교훈(校訓), 학급의 가르침은 급훈(級訓), 한 회사의 가르침은 사훈(社訓)이고, 한 가정의 가르침은 가훈(家訓)이라고 한다.

유명한 집안은 대개 전해 내려오는 전통적인 가훈이 있다. 그렇다고 해서 이 가훈을 꼭 훌륭한 인재를 길러 낸 명문 집안에서만 가지고 있는 것은 아니다. 오히려 그렇지 못한 집안에서 바람직한 목표나 좌우명 같은 것을 가훈으로 정해 놓고 지키는 것이 바람직하다고 본다.

요즘은 학교나 사회 단체, 직장 등에서 예절 교육, 충효 교육을 부르짖고 있기 때문에 가훈에 대하여 관심이 많아졌다.

가훈은 첫째로 나 한 사람이 한 집안의 가족으로서 행해야 할 도리를 가르치는 고마운 글귀가 되므로 국민 한 사람 한 사람에게 절대로 필요하다.

이제 훌륭한 옛 어른들의 가정에서 전해 내려오는 가훈 몇 가지를 살펴보자.

◉ 김대현 선생 가훈

- 볼 때는 밝은 것을 보라.
- 들을 때는 총명한 것을 들으라.
- 얼굴빛은 항상 온화하게 하라.
- 몸가짐은 항상 공손하게 하라.
- 말은 참되게 하라.
- 의문나는 것은 자세히 물으라.
- 분할 때는 어려운 일을 생각하라.
- 얻을 때는 옳은 것을 생각하라.

※김대현 선생은 조선 시대 유명한 학자이다.

◉ 밀양 박씨의 가훈

- 건강한 몸을 가지라.
- 부지런하고 검소한 생활로 저축하라.
- 자녀를 잘 가르쳐 기르는 데 힘쓰라.
- 사람을 대할 때 항상 공경하라.
- 청렴 결백한 몸가짐을 하라.

◉ 서소계 가훈

- 나라에 충성하고 부모에게 효도하는 도리를 가훈으로 삼고, 학업을 닦아 글씨를 잘 쓰고 그림을 잘 그리는 재능을 계승하여 살아가도록 하라.

- 스승의 가르침을 돈독하게 믿고 학업에 힘쓰며 착실하게 하라.
- 바를 정(正), 옳을 의(義), 두 글자를 일생 몸에 지니고 살아가는 자원으로 삼으라.
- 말은 반드시 바르고 미덥게 하고, 행실은 반드시 정성스럽고 진실되게 하라.

※소계 서영석 선생은 조선 순조 임금 때의 학자이다.

◉ 양간공 가훈

- 마음가짐을 거짓되고 바르지 않게 해서, 일에 임할 때 불성실하게 해서는 안 된다.
- 몸가짐을 순진하게 가지지 못하고 비꼬여서 가정 일에 순종하지 않아서는 안 된다.
- 제 잘난 체하고 뽐내며 날뛰고 남의 일을 방해해서 남과 틈이 나게 행동해서는 안 된다.
- 장난하고 노는 일로 그날 그날 즐겨 공부하는 일에 힘쓰지 않아서는 안 된다.
- 분수를 넘어 위험한 일을 행하여서 옳지 않은 재물을 취해서는 안 된다.
- 모든 일에 부지런하지 아니하고 편안한 것만 생각해서 집안의 형편을 돌보지 아니하고, 입는 옷과 먹는 음식을 사치스럽게 해서는 안 된다.

※양간공 신전(愼詮) 선생은 조선 초기에 황해도 관찰사를
  지냈다.

⊙ 옥동공 가훈

- 간사하고 요망한 생각이 날 때는 이기고 억제할 것을 생각하라.
- 마음이 방자한 데로 흐를 때는 거두어 다잡을 것을 생각하라.
- 하는 일에 게을러질 때는 마음가짐을 바로잡아 각성할 것을 생각하라.
- 일에 얽매어 자유롭지 못할 때는 풀어 놓을 것을 생각해라.
- 마음이 들뜨고 조급할 때는 장중하고 정숙할 것을 생각하라.
- 마음이 상할 때는 온화하게 가라앉힐 것을 생각하라.
- 경솔하고 천박한 생각이 떠오를 때는 세밀하고 검약하게 할 것을 생각해라.
- 거칠고 난잡한 생각이 떠오를 때는 세밀하고 겸양하게 할 것을 생각하라.
- 가혹하고 각박할 때는 충직하고 돈후할 것을 생각하라.
- 뜻이 굳세지 못하고 약해질 때는 굳세고 씩씩할 것을 생각하라.

- 편벽하고 인색할 때는 한쪽에 치우치지 않고 공정할 것을 생각하라.
- 마음이 교만하고 거만스러울 때는 겸손할 것을 생각하라.
- 마음이 들떠 허황할 때는 거짓없이 참된 것을 생각하라.
- 간사스럽게 속일 때는 바르고 곧은 것을 생각하라.

- 말이 많을 때는 삼가고 과묵할 것을 생각하라.
- 분하고 노여울 때는 온유하고 화순할 것을 생각하라.
- 소홀하고 세밀하지 못할 때는 삼가고 자제할 것을 생각하라.
- 마음이 좁을 때는 크고 넓어야 할 것을 생각하라.
- 작은 것을 크게 자랑할 때는 겸손하게 물러설 것을 생각하라.
- 남이 잘못을 말할 때는 나쁜 점을 들춰 내어 흉보지 말 것을 생각하라.
- 남의 좋은 점을 드러낼 때는 잘 살피고 신중할 것을 생각하라.
- 속이는 마음이 자랄 때는 참된 뜻으로 일관할 것을 생각하라.

※옥동공 이서(李漵)는 조선 중엽의 학자이며 명필로써 지은 책 〈홍도 선생 유고〉가 11권이나 있다.

⊙ 최근암 선생 가훈

- 아들 딸을 잘 가르치라.
- 학생이 되면 공부에 전념케 하라.
- 조상을 정성껏 받들라.
- 손님을 잘 대접하라.
- 가정의 법도를 화평하게 하라.

- 부리는 사람들을 잘 대우하라.
- 살아가는 방도를 차려 가정을 잘 다스려라.
- 참된 도리로 재물을 가벼이 하라.
- 항상 책을 읽어 실력을 기르라.
- 자신의 감정을 억제하여 노여움을 잘 다스려라.
- 미신에 미혹하지 마라.

※ 근암 최옥(崔沃) 선생은 조선 말기의 학자이며 동학의
　창시자 최제우의 아버지이다.

⊙ 최무인공 가훈

'황금(돈이나 재물) 보기를 돌같이 하라.'

이는 고려 명장 최영 장군의 가훈으로서 최영의 나이 열여섯 살 되었을 때 그의 아버지 최옹이 아들에게 훈계한 말인데, 그 후 가훈으로 오래 전해지고 있다.

최영 장군은 아버지가 훈계한 한 마디를 죽을 때까지 마음속에 새겨 두고, 입는 옷이나 먹는 음식을 검소하고 절약하면서 남을 도와 주므로 집안에는 옷과 양식이 떨어지기 일쑤였다고 한다.

최영 장군과 그 가족들은 평소 살찐 말을 타거나 비단옷을 입고 다니는 사람을 보면 짐승처럼 여길 뿐만 아니라 나라에서 상으로 내려 준 곡식이나 땅도 굳이 사양하며 받지 않았다고 한다.

⊙ 전주 이씨 가훈

 • 세 가지 세워서 행할 일

* 의지를 바르게 가지라.

* 말과 행실을 같이하라.

* 모든 사물의 이치를 분명하게 분별하라.

 • 세 가지 하지 말아야 할 일

* 자기가 싫은 일을 남에게 베풀려 하지 말라.

* 노여움을 간직하고 원망을 마음 속에 품지 말라.

* 노여움을 남에게 옮기거나 잘못을 거듭하지 말라.

 • 세 가지 살피고 반성할 일

* 남을 위하여 도모한 일에 진실을 다하였는가?

* 벗과 사귀는 일에 신의를 제대로 지켰는가?

* 부모와 스승이 전수하고 가르쳐 준 일을 내가 잘 익히고
  있는가?

※ 이 글은 전주 이씨 광평대군파에서 대대로 지키고 있는
  가훈이다.

예절편

1. 개인 예절

(1) 단정한 용모

◉ 깨끗한 몸차림

사람은 항상 다른 사람을 대하고, 다른 사람과 어울려 산다. 그러므로 나의 옷차림이나 나의 모습이 다른 사람에게 불쾌감을 주지 않도록 조심하고 노력하여야 한다.

우리가 거리에 나서서 여러 사람을 대하거나 학교에서 친구들을 만났을 때, 상대방의 깨끗한 몸차림을 보면 마음이 기쁘고 맑아진다. 그러나 머리가 수세미처럼 마구 헝클어져 있고, 세수도 안 한 꾀죄죄한 얼굴에 몹시 지저분한 옷을 입었거나, 단추도 제대로 끼우지 않은 옷차림을 한 사람을 대했을 때 기분 좋은 사람은 아무도 없을 것이다.

깨끗한 몸, 깨끗하고 단정한 옷차림은 나 자신의 건강을 위해서도 중요하지만, 나를 보고 나를 대하는 다른 사람을 위해서도 필요한 기본 예의이다.

우리가 자고 일어나 아침에 양치질하고 세수하는 까닭을 생각해 보자.

첫째는 자기의 건강을 지키기 위한 방법이다. 다음에는 남에게 깨끗하게 보이기 위한 예절의 한 표현이다.

밝은 아침 거리에 나가 보면 학교에 등교하는 학생이나, 직장에 출근하는 어른이나, 혹은 어떤 곳에 볼일을 보러 가는 사람이나 모두 깨끗한 모습, 단정한 몸차림들이다.

비록 서로 얼굴은 모르더라도 깨끗하고 단정한 몸차림의 사람들이 마주칠 때는 매우 상쾌한 기분이 든다.

나뿐만 아니라 남에게 밝고 맑은 기분을 주는 것, 이것이 사회 생활하는 우리들의 기본 예의라고 할 수 있다.

깨끗한 몸차림이란 화려한 옷차림을 뜻하는 것이 아니다. 오히려 검소해야 된다.

아침에 일터로 나가는 사람이 화려한 고급 옷차림을 하고 나서면 어떻게 되겠는가?

자기가 일하는 직장에 알맞은 옷차림이어야 한다. 그러나 깨끗하고 단정해야 한다. 모자를 쓸 경우 바르게 써야 한다.

지금은 중·고등 학교 학생들이 교복을 입지만 초등 학교나 대학은 교복 제도가 없어서 한 학교 학생들이 같은 교복을 입을 필요가 없다. 그렇다고 학생들이 유행에 따라 사치스런 옷을 입는 것은 옳지 못하다. 공부하고 활동하는 데 편리한 옷이면 된다.

그러나 항상 깨끗하고 단정한 차림을 하도록 습관을 길러야 한다.

또한 학교에 다니는 학생은 언제 어디를 가든지 손에 책이 쥐어져 있는 모습이라야 보기 아름답다.

어찌 학생뿐이랴? 많은 사람들이 책을 가까이 하는 모습은 그 사람의 아름다움과 품위를 더해 주는 것이다.

◉ 밝고 맑은 얼굴

귀염받는 얼굴은 어떤 얼굴의 모습일까?

어머니 뱃속에서부터 예쁜 얼굴을 타고난 모습이라고 말하기 쉽다. 물론 처음부터 못생긴 얼굴보다야 잘 생긴 얼굴이 낫겠지.

얼굴은 잘 생긴 얼굴이면서도 항상 화난 표정, 신경질을 부리는 표정, 잠자리에서 뛰쳐나온 듯 부스스한 모습을 하고 있다면 상대편에게 기쁨은커녕 불쾌감만 줄 것이다.

반대로 비록 얼굴의 본바탕이 별로 잘 생기지 않았더라도 생글생글 웃는 표정, 그리고 깔끔하고 깨끗한 모습의 얼굴이라면 남에게 호감을 줄 것이다.

우리 속담에, '웃는 낯에 침 못 뱉는다.' 는 말이 있다. 남과 대화할 때 항상 웃음 띤 얼굴을 해야 남에게 기쁨을 줄 수 있다는 교훈이 담긴 말이다.

어렸을 때부터 가족이나 친구나 혹은 선생님이나 이웃 어른을 대할 때 맑고 밝은 표정의 웃는 얼굴을 하는 습관을 기르도록 노력해야겠다.

백화점의 안내 아가씨들이 깨끗하고 단정한 몸차림에 웃는 얼굴로 손님을 대하는 것은 여러 사람에게 기쁨을 주기 위한 예의이며 방법이기도 하다.

부모님께 필요한 용돈을 달라고 말씀 드릴 때 화난 얼굴로,

"엄마, 나 돈 2천 원 줘! 공책 사야 한단 말이야."

하고 퉁명스럽게 쏘아붙이면 어떻게 될까? 나오던 돈도 도로 들어갈 것이다. 그러나 밝은 얼굴에 미소를 띤 귀여운 모습으로 어머니 앞에 다가서서,

"엄마, 나 돈 있으면 2천 원만 주세요. 쓰던 공책이 다 떨어져 다시 사야겠어요."

하고 말씀 드리면 어떤 어머니라도,

"그래, 얼른 사야지. 여기 있다."

하면서 주실 것이다.

남에게 대하는 우리들의 얼굴 모습은 참으로 중요한 구실을 한다.

◉ 머리 손질과 손발의 때

학교 선생님께서 종종 어린이들의 머리와 손발 검사를 하신다. 이것은 어린이들에게 단정한 용모를 가꾸는 습관 들이

기 위하여 행하는 생활 교육, 위생 교육의 한 가지 방법이라
고 하겠다.

옷은 깨끗하게 입었으면서 머리를 제대로 빗지 않아 마치
밤송이나 수세미처럼 되어 있다면 그 모습이 어떠하겠는가
상상해 보자.

또 귀엽게 생긴 어린이가 옷차림도 깔끔한데 손과 손목에
때가 꾀죄죄하고 손톱을 깎지 않아 기다랗게 길러져 있다면
참으로 게을러 보일 것이다.

어릴 때부터 자주 목욕을 하고 손톱을 짧게 깎아 자기 몸을

자기 스스로 정결하게 거둘 줄 아는 습관을 길러야 한다.

남에게 정결하고 아름답게 보이도록 하는 버릇은 결코 멋이나 사치가 아니다. 이것은 나와 남을 위하는 개인 예절이라고 할 수 있다.

나의 가까운 친구 중에 항상 용모가 단정하고 깨끗한 사람은 누구인가 생각해 보자. 그리고 그 친구를 만났을 때 기분은 어떠한지 생각해 보자.

누구든지 단정한 용모를 하고, 밝은 얼굴을 하는 친구를 만나면 반갑고 즐거울 것이다. 마치 한 송이 꽃을 대하듯 내 마음도 환하게 밝아질 것이다.

반대로 옷차림이 몹시 더럽고 어지러우며 얼굴까지 불결한 친구를 만나면 반갑기는커녕 불쾌한 마음이 들어 얼른 그 자리를 피해 버리고 싶은 생각이 간절할 것이다.

이렇게 단정한 용모는 다른 사람의 마음을 밝게 해 주므로 우리는 집에서나 밖에서나 내 옷차림에 대해 세심한 주의를 기울여야겠다.

(2) 겸손한 태도

◉ 안으로 감추는 자랑

우리가 살다 보면 남에게 몹시 부끄러운 일이 생기기도 하고, 때로는 조그만 자랑거리가 생기는 수도 있다.

그런데 사람들은 대체로 남에게 실례를 저질러 놓고도 “죄송합니다.” 혹은 “미안합니다.”란 말 한 마디 할 줄 모르면서, 조그만 자랑거리가 생기면 온 동네에 돌아다니면서 크게 불리어 자랑하기를 좋아한다.

진실된 사람, 교양 있는 사람은 자기의 자랑거리를 남의 앞에 내세우려고 하지 않는다. 오히려 다른 사람이 칭찬할 때 겸손한 자세로 자랑을 감추려고 한다.

자랑을 안으로 감추려고 할 때 더욱 참다워지고 훌륭해지는 것이다.

개미와 베짱이라는 이솝 우화에서 개미의 겸손한 태도와 자랑을 일삼는 베짱이의 경솔하고도 오만한 태도를 짐작할 수 있다.

베짱이는 여름 한철 내내 사치스런 옷차림을 하고 시원한 나무 그늘에서 노래만 부르며 놀고 있었다.

땡볕에서 몸뚱이가 새까맣게 타는 줄도 모르고 열심히 일하는 개미를 보고 몹시 비웃으며 말했다.

“개미님! 제 이 옷이 어떠세요?”

“예, 참으로 아름답습니다.”

“개미님은 왜 그렇게 온몸이 새까맣지요?”

“부끄럽습니다. 일을 하다 보니 이렇게…….”

“뭣하러 땡볕에서 그렇게 땀을 흘리세요. 저처럼 나무 그늘에서 노래부르며 쉬면 좋을 텐데…….”

그러면서 목청을 돋구어 노래를 부르며 자랑하는 것이었다.

개미는 겸손한 태도로 그저 부지런히 일만 하였다. 어느 새 여름이 가고, 가을이 가고, 겨울이 돌아왔다.

어느 날 개미네 집 대문 앞에 베짱이가 찾아와 떨면서 말했다.

"저, 개미님 계세요?"

"누구요? 이렇게 추운 날씨에 베짱이님께서 누추한 집에 찾아오시다니요."

"저 대단히 죄송하지만 양식을 좀 꾸어 주셨으면 하고 찾아

왔습니다.”

“쯧쯧쯧…… 추운데 얼마나 배고프시겠어요? 들어오시지
요.”

개미는 찾아온 베짱이에게 먹을 양식을 좀 나누어 주었다.

여름철에 그처럼 사치스런 옷차림을 하고 나무 그늘에 앉
아 노래를 부르며 자랑하던 베짱이의 꼴은 불쌍하기 짝이 없
었다.

겸손한 마음가짐은 인격의 본바탕이라고 할 수 있다.

사람의 인격이란 반드시 교육을 많이 받았다고 해서 훌륭한 것이 아니다. 그 사람의 말과 행동에 따라 인격이 좌우된다.

남이 나에게 인사하기를 바라기 전에 먼저 공손하게 인사하는 태도는 참으로 겸손하다. 겸손한 태도는 자기를 낮추고 상대편을 높이려는 아름다운 마음가짐에서부터 우러나오는 것이다.

'곡식은 익을수록 고개를 숙인다.' 는 말의 뜻을 생각해 보자. '곡식' 은 사람을 비유한 말이다. 사람이 많은 교육을 받고 학식과 덕망이 높아질수록 남의 앞에서 잘난 체하지 않고 겸손해야 한다는 말이다.

내가 남보다 공부를 좀 잘 한다거나, 운동을 잘 한다고 해서 친구들 앞에 지나치게 뽐내면서, 공부를 잘 못하거나 잘 못생긴 아이들을 비웃거나 깔보아서는 안 된다.

이 세상에 아무리 훌륭한 사람이라도 장점만 지닌 사람은 없다. 그 사람도 반드시 자기가 미처 깨닫지 못하는 단점이 있게 마련이다.

토끼와 거북의 경주에서 산을 그처럼 잘 오르는 토끼가 결국 엉금엉금 기어가는 거북에게 지고만 까닭은 무엇일까?

자기의 뛰어난 재주와 능력만 믿고, 거북을 얕보고 덤빈 오만한 마음과 태도 때문이다.

겸손한 마음가짐과 태도는 남에게 고맙고 아름다운 마음을 가지게 해 주는 동시에, 가족과 친구와 사람들로부터 따뜻한 사랑을 받을 수 있게 해 준다.

◉ 도둑으로 몰린 윤회의 태도

조선의 세종 임금 때 병조 판서(지금의 국방부 장관)를 지낸 윤회라는 어른이 있었다. 그는 글을 잘 쓰고 학식과 덕망이 높아 많은 사람들로부터 존경을 받았다.

윤회가 젊었을 때의 일이다.

하루는 길을 가다가 날이 저물어 여관에 들게 되었다. 그 시대의 여관이란 별다른 규모와 시설이 없는 조그만 집이었다.

이미 방에는 다른 손님들로 차 버려 하는 수 없이 마당가 나무 밑에서 하룻밤을 지내게 되었다. 그런데 달밤에 주인집 어린 딸이 구슬을 들고 마당에 나와 놀다가 그만 잃어버리고 말았다.

"으앙~ 내 구슬, 구슬이 없어졌어."

어린 딸의 울음소리를 듣고 달려 나온 여관집 주인 내외는 법석이었다.

"아니 구슬을 잃다니…… 그 값 비싼 걸……."

"어디에 떨어뜨렸느냐?"

"여기서 가지고 놀다가 떨어뜨렸어요."

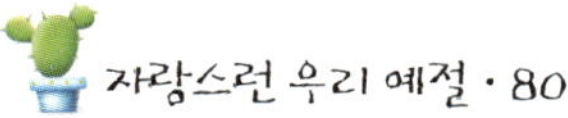

“그런데 그 구슬이 없어질 리가 있니?”

호롱불을 밝혀 온 마당을 샅샅이 찾아보아도 구슬은 없었다.

그러자 주인 내외는 마당가 나무 밑에 앉아 있는 윤회를 의심하기 시작했다.

“여보시오. 우리 딸이 들고 놀던 구슬을 못 보았소?”

“예, 못 보았는데요.”

“아니, 마당에는 당신밖에 없었는데, 그럼 구슬이 어디 갔단 말이오?”

“글쎄요. 저는 본 일이 없습니다.”

“그럼 그 구슬을 귀신이 집어 갔단 말이오?”

“⋯⋯.”

여관집 주인 내외는 마침내 윤회를 도둑으로 몰아 그를 밧줄로 묶었다. 그리고 날이 밝으면 관가로 데리고 가겠다고 하였다.

윤회는 그저 묵묵히 주인이 하는 대로 있었다.

“여보시오. 밖에 그냥 있기가 심심하니까 저기 있는 집오리를 데려다 주시오. 동무라도 하고 지내겠소.”

“그러시구려. 어차피 날이 밝으면 관가로 끌려갈 신세니까.”

윤회는 오리의 한쪽 발목에 끈을 묶어 나무 기둥에 매어 놓았다.

다음 날 아침이 되었다.

주인이 윤회를 관가로 데려가겠다고 나왔다.

"관가에 끌려가기 전에 한 가지 청이 있습니다."

"청이라니?"

"저 오리가 눈 똥을 한 번 헤쳐 보시오."

"그러지요."

주인 내외가 오리의 똥 속에서 파란 구슬을 찾아 냈다.

"아니, 이거 우리 딸의 구슬이……."

"손님, 우리가 죽을 죄를 졌습니다."

"왜 진작 어젯밤에 오리가 구슬을 삼켰다는 이야기를 해 주시지 않았습니까?"

윤회는 웃음 띤 얼굴로 이렇게 말했다.

"만약 내가 어젯밤에 오리가 구슬을 먹었을 거라고 말했다면 구슬을 찾기 위하여 오리의 배를 갈랐을 것이외다."

윤회를 도둑으로 몰았던 주인 내외는 땅에 꿇어 엎드려 빌었다.

"하룻밤 고생은 했지만, 집오리의 목숨을 건져서 기쁘외다."

이렇게 말하고 윤회는 밝은 마음으로 그 여관집을 나왔다고 한다.

이 겸손하고 너그러운 윤회의 마음가짐은 훗날 세종 대왕의 사랑과 신임을 받아 높은 벼슬길에 올랐던 것이다.

(3) 바른 습관

⊙ 걸음걸이

사람이 많이 다니는 거리에 나가 한 사람 한 사람 걷는 모습을 살펴보면 참 재미있다.

얼른 생각할 때 사람의 걸음걸이는 똑같을 것 같지만 눈여겨보면 열 사람 스무 사람 걷는 모습이 다 틀리다.

그런데 걷는 모습도 참으로 자연스럽고 잘 어울려서 보기 좋은 사람이 있는가 하면, 몹시 어색하고 우스운 사람도 있다.

윗몸을 앞으로 구부려 뭔가 급한 것처럼 걷는 사람도 있고, 배를 앞으로 불쑥 내밀고 윗몸을 젖혀 느릿느릿 거만하게 걷는 느낌을 주는 사람도 있고, 두 팔을 몹시 휘젓고 활개치며 걷는 사람도 있고, 반대로 팔을 너무 흔들지 않아 답답해 보이는 사람도 있다.

발자국의 폭을 너무 넓게 떼는 사람, 발의 앞쪽을 너무 벌려 어덟 팔(八)자로 걷는 사람, 뒤꿈치를 들고 앞발에 체중을 실어 걷는 사람, 땅에 무엇이 떨어졌는가 하고 살피듯 앞을 내려다보고 걷는 사람, 걸으면서 계속 자기의 앞 뒤 옷차림을 매만지는 사람, 유심히 좌우를 살피며 걷는 사람 등 이상한 걸음걸이 버릇을 가진 사람들이 많다.

걷는 모습은 내 스스로는 잘 모르지만, 남의 걸음걸이를 조금만 눈여겨보면 금방 알 수 있다.

걸음걸이는 의젓하면서도 거만한 느낌을 주지 않고 자연스러워야 한다.

거울 앞에서 옷차림과 얼굴만 살피지 말고 여러 가지 동작을 비춰 보는 것이 바람직하다. 물론 걷는 모습도 거울에 비춰 보고 스스로 판단해 보자. 그리고 어떤 점이 어색한지 살펴보고 고치도록 노력해 보자.

옛날에는 시골집 처녀들이 물동이에 물을 담아 이고 다녔다. 물을 긷는 방법이었지만 때로는 걸음걸이를 고치는 방법으로도 쓰여졌다고 한다.

점잖은 집 규수는 물동이의 물을 한 방울도 흘리지 않고 얌전한 걸음걸이를 하였다고 한다. 이렇게 걸음걸이에서부터 온갖 행동을 하나하나 조심스럽게 익혀 간다는 것이다.

그러면 걸음걸이를 어떻게 하는 것이 바람직한가?

걸을 때 시선은 눈높이 정도로 하되 되도록 정면을 향하는 것이 좋다. 그리고 발과 발의 폭이나, 활개치는 팔의 폭도 적당하게 하는 것이 자연스럽다.

키가 작은 사람은 다리의 길이도 짧은데, 발자국의 폭을 너무 넓게 하면 그것도 자연스럽지 못하다.

그리고 걸을 때 윗몸을 바르게 가지는 것이 좋다. 바른 걸음걸이를 익히기 위해서 머리 위에 책이나 쟁반 따위를 얹어 놓고, 손으로 잡지 말고 걷는 연습을 하는 수가 있다. 이것은 물이 가득 든 물동이를 머리 위에 이고 걷는 방법이나 비슷하다고 하겠다.

남의 앞을 지날 때, 특히 어른 앞을 지날 때는 한쪽으로 비켜 다소곳이 고개를 숙이며 조금 빨리 지나가는 것이 예의이다.

◉ 앉고 설 때

대개 앉을 경우를 두 가지로 구분할 수 있다. 즉 의자에 앉을 때와 마루나 방바닥 같은 곳에 그냥 앉을 경우이다.

응접실 소파나 극장 같은 곳에 고정되어 있는 의자에는 그대로 옆에서 들어가 얌전히 앉으면 된다.

의자에 깊숙이 궁둥이를 걸쳐 앉아야 한다. 의자의 앞턱 쪽에 걸터앉는 것은 보기에 좋지 않다. 교실의 책상에 딸린 의자나 식당의 이동식 의자는 가볍게 들어서 소리가 나지 않게 적당히 뒤로 꺼내어 앉아야 하고, 일어설 때는 다시 들어서 안쪽으로 집어넣는 것이 예의이다.

우리들은 앞으로 많은 의자 생활을 하게 되므로 의자에 앉고 서는 예절을 몸에 배도록 익혀 두는 것이 좋겠다.

의자에 앉았을 때의 자세는 단정해야 한다.

윗몸을 바르게 세워 앉고 입을 다물며 정면을 바라보아야 한다. 그렇다고 자세나 표정이 너무 굳어 있으면 부자연스럽다. 자연스럽게 편안한 마음으로 앉아야 한다.

의자에 앉아서는 두 손을 무릎 위에 가지런히 얹고 두 발도 앞을 향해 가지런히 두는 것이 자연스럽다.

여자는 되도록 두 발과 두 무릎을 가까이 붙이는 기분으로 하고, 두 손을 포개어 놓는 것이 보기 좋다.

앉았던 의자에서 일어날 때도 조용히 옆으로 일어선다. 좌우에 사람이 없을 때는 자기 의자에 앉을 때 왼쪽에서 오른쪽으로 들어가 앉고, 도로 왼쪽으로 나와 서서 의자를 앞으로 밀어넣는 것이 원칙이다.

온돌방에 앉는 자세는 의자에 앉는 자세보다 훨씬 주의가 필요하다.

방 안에 방석이 깔려 있을 때는 방석의 왼쪽 가장자리에서 가운데로 조용히 앉아야 하는데, 어른 앞에서는 꿇어앉는 것이 예의이다. 그러다가 어른이 편안히 앉으라고 권할 때 편한 자세로 바꾸어 앉는다. 이 때 방석을 밟고 앉거나 밟고 일어서는 것은 큰 실례이다.

여자는 한복 차림과 양복 차림의 앉는 방법이 다르다. 한복 차림일 때는 한쪽 무릎은 눕히되 한쪽 무릎은 세워 앉으며, 두 손은 자연스럽게 포개어 무릎 위에 얹는다.

양복 차림일 때는 두 다리를 한쪽으로 굽혀 모아 가지런히 하고, 역시 두 손을 무릎 위에 포개 놓는다.

앉아서는 역시 눈높이를 정면으로 하고 입을 가볍게 다문다.

일어설 때는 항상 옆으로 비키며 일어서는 것이 예의이다.

어른과 방에 함께 들어갔을 때는 항상 어른을 안쪽으로 모

시고, 어린 사람은 바깥쪽으로 앉는 것이 예의이며, 어른이
앉은 후에 앉아야 한다.
　우리 나라 가정의 전통 예절에서는 그 사람의 앉는 모습을
보고 그 집안의 됨됨이와 가정 교육을 알 수 있었다고 한다.
그만큼 앉고 서는 예절은 중요한 구실을 하였던 것이다.
　지금도 남의 집에 방문하여 앉고 서는 태도는 그 사람의 됨

됨이를 평가받을 수 있는 예절의 한 부분임에 틀림없다.

◉ 알맞은 목소리

남과 이야기를 하거나 노래를 부르거나 혹은 책을 읽을 때
는 알맞은 목소리를 내야 한다.

남의 앞에서 노래를 부를 때, 음성이 너무 작으면 잘 들리
지 않아서 답답하고, 너무 크면 악을 쓰는 것 같아서 듣는 사
람에게 역겨움을 준다.

극장이나 공개 홀 같은 넓은 곳에서 많은 사람들을 상대로
노래를 부르는 가수들은 마이크를 사용한다. 노랫소리를 널
리 전달해야 되기 때문이다. 그러나 마이크를 너무 입에 가까
이 대고 고래고래 소리를 지르면 듣는 사람에게 도리어 불쾌
감을 준다.

다른 나라 사람들에 비하여 우리 나라 사람들은 목소리가
높다고 한다. 이것은 오랫동안 큰 소리로 생활해 온 버릇이
몸에 밴 탓이기도 하다. 알맞은 음성으로 말을 주고받는 습관
도 바른 습관의 한 가지이다.

◉ 물건을 다루는 예절

우리는 집 안에서나 밖에서나 여러 가지 물건을 다루게 된
다. 식사할 때, 놀 때, 공부할 때, 무엇을 만들 때, 혹은 설거
지를 하거나 집 안을 정리할 때 갖가지 물건을 다루게 되는

것이다.

그런데 이 물건을 제대로 다루지 못하면 그 물건의 수명이 오래 가지 못하게 만드는 한편 생각지도 않은 사고를 일으킬 수도 있다. 또한 물건을 상대편에게 건네줄 때 크고 작은 불편을 주어 기분을 상하게 할 수도 있다.

옷을 벗어 둘 때는 속옷과 겉옷을 구분해 두어야 한다. 겉옷은 대개 옷걸이에 걸어서 옷장에 보관하지만, 속옷은 잘 개어서 옷장 서랍에 넣어 두어야 한다.

초등 학교 고학년쯤되면 남자라도 자기의 양말이나 손수건 따위는 제 손으로 빨아 널고 손질해 사용할 줄 알아야 한다.

'세 살 적 버릇이 여든까지 간다.' 는 속담이 있듯이 어린 시절의 바른 습관은 돈 주고 살 수 없을 만큼 큰 재산이 된다.

어린이가 어른에게 물건을 갖다 드릴 때는 받기 좋은 쪽이 어른에게 가도록 하고, 반드시 두 손으로 드려야 한다.

가위, 톱, 칼, 장도리 따위는 손잡이 쪽이 받는 사람에게 가도록 하는 것이 예의이다.

어른에게 마실 물이나 음료를 드릴 때는 물방울이 밖으로 흐르거나 묻지 않도록 잘 닦고 받침 그릇에 받쳐 드려야 한다.

식탁 위에 마른 반찬은 먼저 놓고, 국물 있는 반찬은 나중에 놓으며, 찌개 같은 더운 반찬은 맨 나중에 갖다 놓는다.

수저는 앉는 사람의 앞이나 오른손으로 집기에 가장 가까운 곳에 가지런히 놓아야 하며 밥은 왼쪽, 국은 오른쪽에 놓아야 한다.

모든 물건은 쓰기 편리하게 간수하거나 정리하는 것이 기본 상식이다. 또한 두는 곳에 두고, 있을 곳에 있도록 해야 한다.

예를 들어 꽃병이 마당 가운데 가 있다든지, 강아지 밥그릇이 응접실 탁자 위에 올라와 있으면 안 된다. 구둣주걱은 신발장 곁에 있어야 하고, 화초의 물뿌리개는 화초밭 근처에 있어야 하는 것이다.

손님 앞에 과일이나 차를 갖다 드릴 때는 조금 떨어져 놓아 조용히 밀어 드리는 것이 예의이다.

식당이나 남의 집에 갔을 때, 음식을 먹기 전에 손을 닦으라고 물수건을 주면 가볍게 손만 닦아야 한다. 그 수건으로 얼굴과 목까지 닦는 것은 예의에 벗어난다.

이렇듯 사소한 일이지만 물건을 제대로 다루는 일도 바른 습관으로 익혀 두어야 한다.

⊙ 어른 앞에서의 몸가짐

'한 집에서 같이 사는 가족끼리야 아무러면 어떠랴?' 하는 생각을 가질지 모르지만, 우리들의 버릇이란 집에서부터 제대로 길러지지 않으면 안 된다.

집에서는 아무렇게나 행동하더라도 밖에 나가 남의 앞에서만 주의하면 될 거라는 생각은 큰 잘못이다.

버릇이란 몸에 배어 있기 때문에 나도 모르는 사이에 잘못된 버릇이 튀어나오고 만다. 그러므로 집안 어른 앞에서 바른 행동을 익혀야 하는 것이다.

칠복이란 아이는 그 집의 3대 독자라 귀하게 태어났다. 아버지 어머니가 늦게 태어난 칠복이만 위해 주었다. 뭐든지 칠복이 멋대로 하게 내버려 두어서 도무지 버릇이 없었다.

음식을 차려 오면 아버지 어머니야 식사를 하든 말든 먼저 달려들어 맛있는 것을 다 먹어 치운다.

어른이 곁에 앉아 있는데도 두 다리를 뻗고 비스듬히 누워 텔레비전을 보기 일쑤이고, 도무지 어른에게 경어를 쓸 줄 모른다.

어느 날 이웃집 아저씨가 찾아오셨다.

문을 열어 본 칠복이는 인사할 생각도 아니하고 문을 쾅 닫으며 소리치는 것이었다.

"아버지야, 옆집 필순이 아버지 왔다. 나가 봐!"

필순이 아버지는 칠복이가 몹시 버릇없는 아이라고 생각했다. 열 살이 넘는 아이가 이웃 어른께 인사도 할 줄 모르고, 어른을 제 친구처럼 말하는 태도가 몹시 못마땅하였다.

칠복이 아버지는 필순이 아버지에 대하여 아들 때문에 부끄러워 얼굴을 들 수 없었다.

어른들이 이야기하고 있는 틈에 어린아이가 아는 체하고 끼어드는 일도 버릇없고, 어른이 누워 있는데 그 위를 마구 타고 넘어다니는 일, 어른과 겸상을 하여 식사할 때 수저를 먼저 들고 맛있는 음식을 먹어 치우는 일, 어른이 주무시는 곁에서 제멋대로 떠드는 일, 제 비위에 맞지 않는다고 물건을 마구 집어던지고 어른에게 달려드는 일 따위는 나쁜 버릇이므로 주의하여 고쳐야 한다.

(4) 정중한 인사

◉ 인사의 참뜻

인사란 사람과 사람 사이에 대하는 예를 말한다.

첫째로 전연 모르는 남남이 서로 자기를 알리는 구실을 한다.

모르는 사람끼리 서로 말을 건네고 통하려면 서로 자기의 이름부터 상대편에게 알려야 하는 것이다. 이런 경우 어른들은 보통,

"이거 인사가 없었습니다. 서로 알고 지냅시다. 저는 김영수라고 합니다."

"예, 처음 뵙습니다. 조경환입니다."

이렇게 자기 이름을 알리고 이야기가 시작된다. 다음부터는 서로 김 선생님 혹은 조형이라고 부른다.

어린이일 경우,

"나 최종진이야. 서울 공덕 초등 학교 5학년에 다니고 있어."

"응, 반갑다. 난 세종 초등 학교 5학년 윤옥수라고 해."

하고 서로 반말로 주고받으면 된다. 그리고 다음부터는 종진

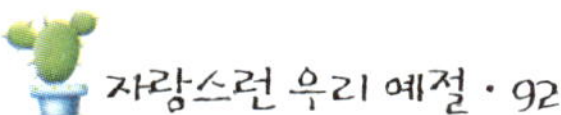

이, 옥수라고 이름만 부르며 이야기를 하면 된다.

이렇게 인사란 서로 자기 이름을 소개하는 구실을 한다.

그러나 아무리 초등 학교에 다니는 어린이라 할지라도 여러 사람이 모인 곳에서는 반말로 자기 소개를 해서는 예의에 어긋난다.

"저는 엄우종이라고 합니다. 추계 초등 학교 6학년입니다. 앞으로 좋은 친구로 사귀고 싶습니다."

이렇게 존대말로 자기 소개를 하는 것이 좋다.

둘째로 인사란 상대편을 존경한다거나 좋아한다는 표시의 구실을 한다. 이런 경우 밝고 정다운 표정과 태도가 따르게 마련이다.

손님이 자기 집을 찾아왔을 때 반갑고 즐거운 표정으로,

"정 선생님, 어서 오십시오. 정말 오랜만에 뵙는군요. 자, 안으로 드시지요."

하고 맞아 준다면 상대편은 얼마나 고맙고 흐뭇할까?

셋째로 인사란 상대편에게 대하는 나의 정중한 태도를 나타내는 구실을 한다.

나의 올바른 행동과 정중한 태도는 남에게 떳떳하면서도 아름다워야 한다. 그래서 남에게 불쾌감을 주지 않고 나의 뜻이 잘 알려져야 하는 것이다.

이러한 인사의 참된 뜻을 알고 일상 생활에서 바르게 인사하는 법을 몸에 익혀야 하겠다.

⊙ 인사에 쓰이는 말

인사말은 하루 중에도 아침 · 점심 · 저녁에 따라 다르며, 계절에 따라서도 다르고, 기쁠 때, 슬플 때 등 경우에 따라 말이 달라진다.

그뿐 아니라, 나의 집에 손님이 찾아왔을 때 맞이하고 보내는 인사말이 다르며, 내가 남의 집에 방문해서 드리는 인사말도 다르다.

웃어른께 드리는 인사말과 친구나 손아랫사람에게 하는 인사말도 구분된다.

이렇게 쓰이는 인사말은 몹시 다양한데 때와 곳에 따라, 또 형편에 따라 어울리게 인사말을 해야 한다.

그러면 때와 장소에 따른 인사말의 예를 들어 보자.

• 하루 중의 인사말

〈아침〉

"아저씨, 안녕히 주무셨어요?"

"철수 안녕! 맑은 아침이구나."

〈저녁〉

"아주머니 안녕히 주무셔요."

"경수, 잘 자거라."

"아버지, 편히 주무십시오."

<낮>

"안녕하세요?"

"잘 있었니?"

• 이웃 사람에 대한 인사말

<어른을 만났을 때>

"안녕하세요?

"영이 아버지, 안녕하세요?"

"아저씨, 어디 다녀오셔요?"

"할아버지, 안녕하십니까?"

"경호 어머니, 경호 잘 있어요?"

<친구나 동생 또래를 만났을 때>

"옥희야, 안녕."

"종수야, 요새 뭐하니? 좀 놀러 와."

"보배야, 공부 잘 하니?"

• 축하와 격려의 인사말

<생일, 졸업, 입학, 수상>

"생일 축하한다."

"영호야! 열한 살 생일은 가장 즐거운 날이 되길 빈다."

"형, 영광의 졸업을 축하해."

"오빠, 졸업 축하합니다."

"큰 상을 받으셔서 기쁘시겠습니다."

"애쓴 보람에 박수를 드립니다."

"값진 상을 받으셔서 축하 드립니다."

"좋은 학교에 입학해서 기쁘겠어요."

• 위문과 위로의 인사말

<입원, 화재, 조문>

"건강하던 네가 병원에 입원했다니 믿어지지 않았어."

"수술 경과가 좋다니 다행이구나."

"학교 공부는 내가 도와 줄 테니 걱정하지 말고 쉬어. 건강을 빨리 되찾아야지."

"갑자기 재난을 당해 얼마나 놀랐겠니?"

"사람이 다치지 않은 것만도 다행이구나. 불탄 재산은 불처럼 일어난다는 옛말이 있잖아."

"가족을 잃은 슬픔을 뭐라고 위로해야 할지 모르겠어."

• 손님이 되었을 때와 주인이 되었을 때의 인사말

<손님이 되어 방문했을 때>

"안녕하세요?"

"잘 있었니? 갑자기 찾아와 미안해."

"선생님을 뵙게 되어 여간 기쁘지 않아요."

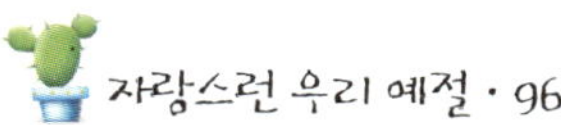

"집이 참 아늑하고 조용해 좋구나."
"오늘 아주 즐거웠어."
"승희 어머니, 잘 놀고 갑니다. 안녕히 계세요."

<주인이 되어 손님을 맞이했을 때>
"너희들 어서 와. 이렇게 찾아 주어 고맙다."
"들어와. 방 안에 크레용을 헤쳐 놓고 그림을 그리던 중이야."
"선생님, 어서 오십시오. 잠깐 들어오시지요."
"할아버지, 오셨어요? 시골엔 모두 안녕하세요?"
"이 먼 곳까지 와 주어 영광이야."
"그래, 부모님은 안녕하시니?"
"심심하게 놀다 가는 것 같아 미안하구나."
"잘 가. 또 놀러 와."

이 밖에도 우리의 인사말은 때와 장소에 따라 자연스럽게 쓰여지고 있다.
"윤석이 어머니, 어디 다녀오세요?"
"정우야, 어디 갔다 오니?"

이렇게 인사하면 정답게 느껴진다. 버스 정류장에서 어디를 나가는 아는 사람을 만났을 때는,
"안녕하세요?"
"정선이 어머니, 어디 나가시는 길이세요?"
"원호 오빠, 어디 가세요?"

하고 인사하는 것이 무난하다.

⊙ 남자, 여자의 절

인사 중에 가장 정중함을 나타내는 예법은 절이다. 이 절은 우리 나라 고유의 평절과 큰절이 있는데, 남자의 절과 여자의 절이 조금씩 다르다.

밖에서나 사무실 같은 곳에서 웃어른에게 하는 인사는 공손한 자세로 서서 30도 정도 허리를 굽혀 예를 표하면 된다. 또 자주 만나는 어른을 밖에서 대할 때는 15도 정도 허리를 굽히며 인사를 해도 된다.

남자의 평절과 큰절

〈평절〉

- 두 손을 공손히 마주 잡고 허리를 굽혀 바닥에 댄다.
- 이 때 한쪽 무릎을 바닥에 대어 굽히며 다른 쪽 무릎도 같이 꿇는다.
- 윗몸을 공손히 구부리며 얼굴을 손 쪽으로 굽혀 절한다.
- 다시 일어나 정중한 자세로 손을 약간 앞으로 올렸다 내리며 한 걸음 뒤로 물러난다.

〈큰절〉

- 두 손을 모아 포개어 눈높이만큼 들어 올렸다가 내리며,

몸을 구부려 평절 모양으로 무릎을 꿇는다.

- 고개를 깊숙이 굽혀 얼굴이 손등에 닿을 만큼 구부려 절
  한다.
- 평절보다는 좀더 오래 있다가 다시 일어난다.
- 일어선 뒤에 마주 잡은 두 손을 다시 눈높이만큼 올렸다
  가 내리며 허리를 약간 굽힌다.

평절은 오랜만에 뵙는 웃어른을 집안에서 대할 때와 설날
에 세배를 올릴 때 하게 된다.

여자의 평절과 큰절

<평절>

- 한쪽 발을 뒤로 빼고 얌전히 앉으면서 다른 쪽 다리를 세
  운다.
- 팔은 자연스럽게 옆으로 내려 땅바닥을 짚는다.
- 완전히 앉으면 고개를 숙여 절한다.
- 절이 끝나면 일어서면서 두 발을 모으고 한 발자국 뒤로
  물러선다.

<큰절>

- 두 손을 편 채 모아 잡고 눈높이로 든다.
- 손을 눈높이로 든 채 발목을 포개며 가부좌로 앉는다.
- 모아 잡은 손을 따라 고개를 숙이며 절한다.

• 다시 일어난다. 이 때 모은 손은 처음과 같이 눈높이로 올
렸다가 내린다.

⊙ 악수

악수도 인사의 한 가지 방법으로써 요즈음에는 가장 보편
적으로 널리 쓰이고 있다. 악수는 남녀 사이나 친구 사이나
노인과 어린이 사이에서도 할 수 있다.

그런데 이 악수에도 기본 예절이 다르게 마련이다.

첫째, 악수는 반드시 한 손으로 해야 한다. 오른손을 정중
히 내밀어 상대방의 오른손을 마주 잡고 약간 흔드는 기분으
로 쥔다.

둘째, 여성이나 웃어른에게는 먼저 손을 내밀지 않는다. 여
성이나 웃어른이 먼저 악수를 청하였을 때 손을 내민다.

셋째, 악수를 할 때 허리를 너무 굽히거나 무릎을 굽히지
않는다.

넷째, 손을 쥘 때 상대편의 손을 너무 꼭 쥐어 아픔을 느낄
만큼 불쾌감을 주거나, 너무 힘없이 잡아서는 안 된다.

다섯째, 악수를 하면서 반가운 표정으로 상대편의 눈을 바
라보아야 한다.

여섯째, 손을 잡은 채 너무 오랫동안 이야기를 나누지 않는다.

이상이 악수에 대한 기본 예절이지만 초등 학교 어린이들
은 친구들끼리 악수를 별로 하지 않는다. 악수는 어른들 사회

에서 널리 쓰이는 인사법이라고 할 수 있다.

그러나 어른이 악수를 청해 올 때는 위의 예법을 잊지 말고 침착하고도 자연스럽게 해야 할 것이다.

◉ 친구 사이의 인사 예절

이 세상에서 가장 가까운 사이는 누구일까?

물론 부부 사이, 부모와 자식 사이, 형제, 자매 사이 등을 들 수 있을 것이다. 그러나 전혀 모르던 남과 남으로 만나 가장 즐겁고 정답게 지낼 수 있는 친구 사이가 어린이들에게는 가장 가까울 수 있다.

친구 사이는 어린이들뿐만 아니라 어른도 마찬가지라고 하겠다. 참된 친구 사이는 서로 목숨을 아끼지 않을 만큼 의와 정과 믿음이 강하다. 그러므로 참된 친구는 가장 값진 재산이라고 하는 것이다.

그런데 이 친구 사이에도 인사하는 예절이 있음을 알아야 한다.

날마다 만나는 학교 친구나 같은 반 친구를 대할 때는 그저 반가운 얼굴로,

"민수, 안녕?"

"기창이 일찍 왔구나."

"야, 창남이 멋쟁이네?"

"종태야, 어디 가니?"

하고 자연스럽게 말을 거는 것이 인사가 된다.

꼭 상대편에서 먼저 인사할 때를 기다리고, 상대방이 말하지 않는다고 나도 모른 체하는 것은 친구 사이의 참된 예절이 아니다.

특히 친구가 기쁜 일이나 슬픈 일, 괴로운 일을 당했을 때는 마음으로 우러나오는 축하나 위로를 해 주어야 한다.

철수가 새로 반장에 뽑혔을 때, 두 친구가 이렇게 말했다고 가정해 보자.

• 경호:"철수야, 축하해. 반장이라 자랑스럽기도 하지만 힘

든 책임이 뒤따르거든. 그런데 너는 훌륭하게 해 낼 거야."

- 욱철: "자~식, 좋겠구나. 반장 되었으니 한턱 내라."

두 사람의 인사이지만 경호의 인사말에는 정과 진실이 배어 있으므로 철수에게 고마움을 주지만, 욱철이의 인사는 건성으로 하는 말장난으로밖에 들리지 않는다.

이렇듯 친구 사이라고 해서 아무렇게나 말을 뱉는 것은 조심해야 한다.

(5) 고상한 말씨

◉ 말과 교양

옛날에는 임금이 쓰는 말, 신하들이 쓰는 말, 일반 평민(상민)들이 쓰는 말이 달랐다. 말로써 신분과 권위를 나타냈던 것이다.

예를 들면 임금의 밥상은 '수랏상' 이라 했고, 양반의 밥상은 '진짓상' 이라 하였고, 보통 평민은 '밥상' 이라 했다.

지금은 어떠한 경우라도 그러한 말의 구분은 두지 않는다. 다시 말해서 대통령이나 장관이라고 해서 특별한 말을 쓰고 농사짓는 사람이나 장사하는 사람이라고 해서 천하고 야비한 말을 쓰는 것이 아니다.

모든 사람이 통일된 표준말을 쓰되 품위 있고 상냥한 말을 쓰도록 권장하고 있는 것이다.

말이란 자기의 생각을 남에게 목소리로 전달하는 표현 방법인데, 그 사람의 말을 듣고 교양이 있는가 없는가를 짐작한다.

그럼 교양 있는 사람의 말은 어떠한가?

- 말을 조용조용한다.
- 표준말을 쓰고 상대편이 잘 알아들을 수 있도록 조리 있게 말한다.
- 상스러운 말을 쓰지 않고 고운 말을 쓴다.
- 남에게 비위 상하는 말, 남을 헐뜯는 말을 하지 않는다.
- 때와 장소를 가려서 거기 어울리는 말을 한다.
- 말을 할 때, 상대편을 높이고 자기를 낮춘다.

교양 있는 사람은 같은 말이라도 품위 있는 고상한 말을 골라 쓴다.

- 우리 아버지가 아파 누웠습니다.(×)
- 저희 아버님께서 편찮으십니다.(○)
- 당신 딸이 잘 사는 집으로 시집 가 좋겠군요.(×)
- 댁의 따님이 귀한 댁으로 출가해서 기쁘시겠습니다.(○)
- 와따, 아들이 너무 살쪘구나. 비만증 아니야?(×)
- 아드님이 아주 건강하구먼. 우리 아이는 너무 야위어서 걱정이야.(○)

같은 말이라도 나타내는 방법에 따라 그 사람의 교양을 짐작할 수 있다.

◉ 말 한 마디의 무게

우리 속담에 '말 한 마디에 천 냥 빚을 갚는다.'는 말이 있다. 이것은 곧 말 한 마디 잘 하고 못하는 데 따라 일이 잘 되고 못 된다는 깊은 뜻을 지니고 있다.

나라와 나라 사이의 외교에서도 말 한 마디가 얼마나 큰 구실을 하는지 알 수 있다.

어떤 경우는 국가와 국가 사이의 협약에서 문구 하나 혹은 글자 한 자를 서로 고집하다가 끝내 갈라지고 마는 수도 있다.

남에게 하는 나의 말 한 마디의 가치란 때로 목숨과도 바꿀 수 있을 만큼 무겁고 귀하다.

선생님이 담임한 반 어린이들에게,

"내일 소풍 간다."

하고 한 말은 곧 어린이들과의 큰 약속이 된다.

그런데 다음 날 소풍을 가지 않고, 어제 말한 것을 장난으로 넘겨 버린다면 어떻게 될까? 그 선생님은 그 반 어린이들에게 영원히 거짓말쟁이로 낙인찍혀 버리고 말 것이다.

친구 사이도 마찬가지이다. 말 한 마디로써 의리 있는 벗이 될 수도 있고, 비겁한 거짓말쟁이도 될 수 있는 것이다.

우리는 어렸을 때부터 자기의 말에 책임을 질 줄 알아야 한다. 자기가 말해 놓고도 모른다고 발뺌을 한다면 그는 의리 없고, 신용 없는 사람으로 따돌림을 받게 된다.

◉ 바른 말, 고운 말

우리 집, 우리 이웃, 우리 사회가 명랑하고 아름다워지는 데 있어서는 무엇보다도 우리의 말부터 바로잡고 고쳐 나가야 한다.

바른 말이란 어떤 지방 한 곳에서만 쓰는 사투리가 아니고, 온 국민이 함께 쓸 수 있는 공통어 즉 표준말을 일컫는다.

표준말은 우리 나라의 한가운데 위치해 있는 서울과 경기도 지방을 중심으로 그 곳에서 가장 널리 쓰이고 있는 말이며, 그 중에서도 아주 귀하거나 아주 천한 말이 아닌 보통말을 표준말로 잡았다. 그래서 초등 학교에서 대학교까지, 모든 학교의 교과서는 표준말로 통일되어 있다.

그뿐 아니라, 방송국의 아나운서가 쓰는 말이나 신문사에서 쓰는 모든 기사의 말도 표준어로 나타내고 있는 것이다.

- 병아리: 병자리, 배우리, 뼁아리, 삐갱이, 삐가리
- 여우: 영갱이, 여수, 야수, 여시
- 가위: 까시개, 가왜, 가시, 까우, 가새
- 할머니: 할망구, 할메, 할마시, 할멈, 할머이

이렇게 한 가지 말이 지방에 따라 여러 가지로 달리 불려지고 있으므로 우리는 표준말인 바른 말을 써서 누구나 다 알아들을 수 있도록 해야 한다.

또한 바른 말과 함께 고운 말을 골라 쓰는 습관을 길러야 한다.

  같은 말이라도 된소리를 넣어 쓰면 말이 거칠고 천박스러워진다.

- 소주: 쏘주, 쐬주
- 자식: 짜식
- 빨갛다: 시뻘겋다, 씨뻘겋다

우리가 쓰고 있는 말 중에는 아직도 일본말 찌꺼기가 남아 있다.

- 전구: (전기)다마
- 양파: 다마네기
- 접시: 사라
- 물수건: 시보리

- 나무젓가락: 와리바시
- 튀김: 뎀푸라
- 단무지: 다쿠앙

이런 일본말 찌꺼기는 수없이 많은데, 하루 속히 우리말로 쓰는 습관을 길러야 하겠다.

그러나 우리말로서는 표현이 마땅치 않아 외국에서 들어온 말을 우리말처럼 쓰고 있는 경우가 있는데, 이러한 말을 가리켜 '외래어' 라고 한다.

예를 들면 카라멜, 커피, 텔레비전, 라디오, 크레용, 잉크, 넥타이, 피아노, 기타, 바이올린, 리어카, 오토바이 등과 같은 말들이 있다.

이러한 외래어는 우리말로 정해 놓은 별다른 이름이 없기 때문에 그냥 쓸 수밖에 없다.

우리말은 세계 어느 나라 말보다 나타내는 방법이 여러 가지이다.

'붉다' 는 말 하나만해도 '빨갛다-발갛다-벌겋다-새빨갛다-시뻘겋다-씨뻘겋다-붉으레하다-불그스름하다' 등으로 수없이 다양하게 나타낼 수 있다.

이러한 많은 말들 중에서 되도록 고운 말을 골라 쓰는 습관을 갖는 것이 바람직하다.

고운 말이란 남이 들어서 좋게 느껴지는 말이면 된다. 없는 말을 억지로 만들어서 하는 것이 아니다.

⦿ 쉬운 말 쓰는 버릇

우리 나라 사람들은 공부를 좀 하고, 지위가 높아지면 자꾸 어려운 말을 쓰려고 하는 잘못된 습관을 가지고 있다.

이것은 우리 나라가 옛날부터 중국의 한자를 숭상하였던 까닭에 이런 습관이 전해지고 있는 것이다.

세종 대왕께서 많은 학자들과 더불어 오랜 세월 연구하여 만들어 낸 우리의 글인 한글을 두고도 어려운 한문을 배우고, 우리 한글은 여자들이나 낮은 사람들이 배우는 글이라고 해서 '언문'이니 '암클'이니 하고 무시하면서 중국의 한자는 '진서'라고 높여 받들어 왔던 것이다.

그래서 대체로 한자로 나타내는 말은 귀한 대접을 받고, 쉬운 우리말은 천한 대접을 받아 왔다. 얼마나 어리석고 우스운 노릇인가?

어떤 국회 의원이 오랜만에 자기 고장에 돌아가 큰 강당에 사람들을 가득 모아 놓고 연설을 하였다고 한다.

"존경하고 친애하는 국민 여러분!

금일 본군 출신 국회 의원인 불초 소생이 이렇게 과분하고 도 영광스런 단에서 한 말씀 진언하게 됨에 충심으로 만강 의 사의를 표하는 바입니다."

시골에서 농사를 짓고 사는 이 사람들은 어려운 한자말을 도무지 잘 알아들을 수 없었다.

앉아서 듣고 있던 사람들은 갑갑하고 지루하기만 하였다.

“안녕하십니까?

오랜만에 고향에 돌아와 이렇게 여러 어른을 뵈오니 반갑고 기쁘기 그지없습니다.”

이렇게 쉬운 말로 인사를 하면 얼마나 쉽게 알아들을 수 있겠는가?

유식한 체하고 어려운 말만 골라 쓴다고 해서 우러러보아 주지도 않고 들어 주지도 않는다.

말이란 나의 느낌과 생각과 주장을 남에게 알려 주는 수단으로 쓰는 것이므로 되도록 쉽고 정확하게 표현해야 한다. 이것이 남을 위한 나의 예의인 것이다.

2. 가정 예절

(1) 질서 예절

◉ 어른과 아이

아이들은 어른의 말을 잘 따르고, 행실의 본을 받아야 한다.

이것은 나이가 적기 때문에 나이 많은 사람의 명령에 무턱대고 복종해야 한다는 뜻이 아니다.

가정 생활이든, 사회 생활이든, 국가 생활이든 여러 사람이 함께 사는 데는 반드시 질서가 필요한 것이다. 질서가 없다면 규율이 무너져 편안히 살 수 없다.

그러면 어른과 아이는 같은 사람인데 어떤 차이가 있을까?

나이가 적은 젊은이, 나이가 많은 늙은 사람을 늙은이라고 한다. 사람은 누구나 어린 시절을 거쳐서 젊은이로 접어들고, 젊은 시절을 거쳐 늙은이가 된다.

어른은 어린이보다 오랜 세월을 살아왔으므로 그만큼 많은 경험을 쌓고, 많은 것을 보고 듣고 배워서 옳고 그른 것을 판단할 수 있는 힘을 가지고 있다. 나보다는 아버지가, 아버지보다는 할아버지가 더 많은 경험을 했으므로 인격과 지혜와 훌륭한 판단력을 가지고 있는 것이 사실이다.

지금의 어린이는 훗날 젊은이가 되어 집안과 사회와 나라의 쓸모 있는 일꾼으로서 큰 역할을 해야 한다. 또 언젠가는 늙어서 많은 젊은이와 어린이들로부터 존경을 받게 된다.

어린이가 어른을 존경하고 잘 따르는 것은 질서 예절의 기본이며, 결국 그것은 훗날의 내가 다시 자라는 어린이로부터 존경을 받는 계기가 된다.

'내가 남한테 대접을 받으려면 먼저 남을 대접하라' 는 말이 있다. 어린이들이 어른을 존경하지 않으면서 어른으로부터 귀염과 사랑만 받으려는 생각은 잘못이다.

어른은 어른답고, 아이는 아이다워야 한다. 어린이가 어른

을 존경하고 가르침을 바로 받을 때, 어른과 어린이의 질서 예절은 잘 지켜지는 것이다.

◉ 부모와 자식

아버지와 어머니는 나를 낳고 길러 주신 분이기 때문에 이 세상에서 가장 고맙고 가까운 분이시다.

어리석은 사람들은 흔히 자기가 훌륭한 사람이 되거나, 혹은 잘 먹고 잘 사는 것이 모두 자기 자신이 잘난 때문이라고 믿는다. 그러다가도 무슨 일이 잘 안 되고 고난에 부닥치면 부모를 탓하고 원망하기 일쑤이다.

나의 몸 속에는 아버지와 어머니의 피가 흐르고 있다. 그러므로 부모를 탓하는 것은 나 자신을 탓하는 것과 같으며, 드러누워 침을 뱉는 격이라 할 수 있다. 드러누워 공중으로 침을 뱉으면 결국 자기 얼굴에 떨어지고 말 것이다.

나의 아버지 어머니가 다른 친구의 부모보다 인물이 못생기고, 높은 지위에 있지 않다 하더라도 나에게 있어서는 하늘보다 높은 어른임에 틀림없다.

부모는 스스로를 희생해 가면서 아들 딸을 훌륭하고 건강하게 잘 키우려는 분들이시다.

이러한 어른들께 우리가 할 일은 무엇인가?

한창 자라고 공부할 시기에 있으므로, 부모의 말씀을 잘 듣고, 열심히 공부하고 배워서 실천에 옮기는 일이 올바른 마음가짐이며 바람직한 태도이다.

　가정의 질서, 그것은 부모와 아들 딸 사이에 바르게 지켜지는 예의인 것이다.

　항상 웃는 얼굴로 부모님을 대하고, 웃어른을 깍듯이 모실 줄 아는 예의가 필요한 것이다. 이런 가정은 항상 사랑과 즐거움이 넘쳐 흐르는 집안이 될 것이다.

⦿ 형제와 자매

옛날 어떤 시골에 가난한 형제가 의좋게 살고 있었다.

어느 날 형제는 먼 길을 가게 되었는데, 얼마쯤 가다가 날씨도 덥고 다리도 아파 큰 정자나무 밑에 앉아 쉬게 되었다.

그 때 형제의 눈에 이상스런 물건이 눈에 띄었다.

"아! 형님, 저 풀숲에 번쩍거리는 게 뭘까요?"

"응, 글쎄다. 몹시 빛나는구나. 어디 가까이 가 볼까?"

"예, 형님."

"아니, 이건 금덩어리가 아니냐?"

"와, 황금덩어리예요."

두 형제는 눈이 둥그레졌다.

"누가 흘렸을까요?"

"글쎄 말이다. 주인을 찾아 주어야 할 텐데 이 일을 어쩐담."

"워낙 외딴 곳이라, 사람 하나 지나가는 일 없으니 어쩌지요?"

금덩어리를 주운 형제는 주인을 찾아 줄 궁리를 하였으나 찾아 줄 방도가 없었다. 그렇다고 멀리 떨어져 있는 관가로 찾아갈 수도 없는 노릇이었다.

"형님, 할 수 없지요. 버릴 수도 없고 하니 우리가 나누어 가집시다."

"그럴까? 그게 좋겠구나."

그러나 그 순간부터 형은 형대로, 동생은 동생대로 이상한 마음이 생기기 시작하였다. 몹시 불안해진 것이다.

'이 금덩어리를 형이 아니었으면 나 혼자 차지할 텐데.'

서로가 이런 생각을 하고 있었다.

그들은 금덩어리를 들고 강가에 다달았다. 나룻배를 타고 강물 한가운데를 건너고 있을 때였다.

"이 금덩어리, 형님이 가지세요."

동생이 말하였다.

"아니다. 네가 먼저 발견했으니 네가 가져라. 난 사양하겠다."

한참 동안 서로 금덩이를 안 갖겠다고 다투다가,

"그럼 이 금덩어리를 강물에 던져 버립시다."

"그러자꾸나. 금덩어리 때문에 잠시라도 우리 형제의 마음이 불안해졌었구나."

마침내 두 형제는 큰 금덩어리를 강물에 풍덩 던져 버렸다. 형제의 착한 마음은 웃음으로 번졌다.

의리 있고 욕심 없는 착한 형제의 이야기이다.

형제 자매, 혹은 남매 사이는 이 세상 누구보다도 친하고 다정해야 한다. 그리고 형제의 질서를 존중해야 한다.

동생은 형을 존경하고 잘 따라야 하며, 형은 동생을 내 살처럼 아끼고 사랑해야 한다. 자매나 남매도 형제의 경우와 마찬가지이다.

형제 자매가 어렸을 때는 서로 반말을 하며 자라지만, 어른이 되면 동생은 형에게 존댓말을 쓰는 것이 좋다.

　형이 결혼하여 부인(형수)과 함께 사는데 동생이 형수 앞
에서,

　“형, 나 이것 좀 가르쳐 줘.”
하고 반말을 하면 좋지 않다.

“형님, 이것 좀 가르쳐 주세요.”

이렇게 존댓말을 써야 한다.

또 어렸을 적에는 형이 동생 이름을 부르는 것이 자연스럽고 좋지만 늙어서는,

“야, 종철아 이리 좀 와.”

하고 이름을 부르는 것이 듣기에 별로 좋지 않다.

모든 예절은 어렸을 때부터 몸에 배도록 실천해야 한다.

◉ 가정의 질서

우리 나라나 외국이나 할 것 없이 훌륭한 위인들을 키워 낸 가정은 반드시 가정의 질서가 지켜지고 존중되었다.

쉽게 말해서 가정 교육을 제대로 받지 않은 사람이 나중에 커서 저절로 훌륭해진 사람은 없다는 말이다.

올바른 가정 교육은 가정의 질서를 생명으로 하고 있다. 부모가 화목하지 못하고, 형제간에 우애가 없이 항상 싸우는 가정을 보라. 대개의 불량 청소년들이 그런 가정에서 생기게 마련이다.

화목한 가정, 질서가 존중되는 집안의 아들 딸들이야 어찌 가정을 뛰쳐나가 돌아다니며 불량한 행동을 하겠는가?

'나의 행복은 가정에서부터 시작된다.' 는 진리를 알고, 내가 나의 집안에서 가족으로서의 역할과 임무가 무엇인가를 깨달아야 한다.

(2) 기침 예절

⊙ 일찍 자고 일찍 일어나는 버릇

일찍 자고 일찍 일어나는 습관은 초등 학교 1학년 때부터 배우고 익혀 오는 습관이다.

왜 이런 습관을 어려서부터 몸에 배도록 익혀야 하는가?

사람은 하루 24시간 중 그 3분의 1내지 4분의 1은 반드시 잠을 자야 건강을 지탱할 수 있다.

아무리 일을 많이 하고 공부를 많이 하는 사람이라도 계속 잠을 자지 않는다면 며칠 못 가서 쓰러지고 말 것이다. 잠을 잔다는 것은 일하는 데 써 버린 에너지(힘)를 보충하고, 다음 일을 계속할 수 있도록 쉬는 일이다.

그런데 일찍 자면 일찍 일어나게 되고, 늦게 자면 자연히 늦게 일어날 수밖에 없다. 하지만 일찍 일어날수록 사람은 부지런해지고, 이른 아침 밖에 나가 활동하게 되어 맑은 공기를 마음껏 마시므로 건강에도 좋다.

이러한 좋은 습관을 어렸을 때부터 몸에 익혀 두면 그것은 재산 중에 가장 값진 재산이 된다.

또 어른보다 먼저 자고, 어른보다 먼저 일어나는 것이 예의이다. 부모님들은 일찍 일어나 활동하시는데, 늦도록 쿨쿨 자고, 밥상을 들여 온 다음에야 부스스 일어나 세수도 제대로 못 하고 밥상머리에 앉는다면 본인 자신은 물론 집안 식구들의 기분도 별로 좋지 않을 것이다.

아침 일찍 일어나서 각자 맡은 집안 청소, 간단한 아침 운동, 세수 등을 끝내고 맑은 정신 밝은 얼굴로 밥상 앞에 둘러 앉으면 가족 모두의 마음도 즐거울 것이다.

◉ 잘 때의 예절

아버지 어머니께서 잠자리에 들기 전에,

"아버지 어머니, 안녕히 주무세요."

하고 인사를 드리고 자기 방으로 건너 오는 것이 바른 예의이다.

날마다 한 집에서 같이 사는 얼굴들인데 뭐 쑥스럽게 인사를 하느냐고 생각할지 모르지만, 예의란 가까울수록 잘 지켜야 한다.

우리가 밤 늦도록 공부할 때, 어머니가 시원한 과일이라도 한 접시 들여 주면서,

"필규야, 이것 좀 먹고 자거라. 이불 걷어차지 말고 배를 잘 덮고 자거라."

하고 웃는 얼굴로 한 마디 던져 주실 때 얼마나 마음 흐뭇하고 따뜻한 정을 느끼는가?

부모도 마찬가지이다.

"아버지, 안녕히 주무세요."

이 한 마디 인사가 돈으로 바꿀 수 없는 큰 힘이요, 즐거움

인 것이다.

　때로 아버지가 밖에서 술을 마시고 돌아오셨을 때, 귀여운 아들 딸이 아버지의 잠자리를 깔아 드리고,

　"아버지, 여기 쉬셔요. 어머니가 꿀물을 타 오실 거예요."

하는 따뜻한 말 한 마디에 아버지는 기쁨을 느끼실 것이다.

　내 방에서 잠자리에 들 때는 우선 주위를 정돈하는 버릇을 기르자.

　방 안에 크레용이나 그림물감을 헤쳐 놓고 그림을 그리다가 그냥 한쪽 구석에 자리를 펴고 잔다면 어수선한 기분에 잠이 잘 안 올 것이다.

　그리던 그림을 내일 다시 펴더라도 하나하나 정리해 놓고, 요와 이불을 반듯이 펴고 편안한 마음으로 자리에 눕는 것이 바람직한 행동이다.

　옷은 벗어서 옷걸이에 바로 걸거나, 아니면 잘 개어서 머리 맡에 가지런히 놓아 두는 것이 좋은 습관이다.

　자려고 잠자리에 누웠는데도 잠이 잘 안 올 때가 있다. 이럴 때는 엎드려서 잠깐씩 그림책을 본다든지, 동요나 동시집을 읽는 것도 좋은 버릇이다.

　그러나 드러누워서 불빛 쪽을 향해 책을 읽는 일은 시력에 나쁜 영향을 주므로 삼가야 한다.

　잠도 버릇이 있다.

　어떤 사람은 엎드려 자고, 어떤 사람은 똑바로 천장을 향해 누워 자는가 하면, 옆으로 누워 마치 새우처럼 꼬부리고 자기도 한다.

　온 방 안을 굴러 다니면서 자는 사람도 있다. 자고 일어나면 베개는 윗목 구석에, 이불은 문턱에, 사람은 아랫목에 네 활개를 펴고 자는 그런 우스운 잠버릇을 가진 사람도 있다.

　몹시 코를 고는 사람도 있고, 자다가 일어나 이상한 잠꼬대를 하는 사람도 있다.

모두가 어려서부터 잠버릇을 제대로 익히지 않았기 때문
이다.

잠은 되도록 바르게 누워 자는 것이 좋지만, 약간 모로 누
워 자는 것이 건강에는 더 좋다고 한다.

잠은 꼭 어떻게 자라는 규칙은 없지만 자는 모습이 남보기
에 흉한 것은 좋지 않다. 특히 입을 딱 벌리고 잔다든지, 침을
흘리며 자는 것은 보기에 좋지 않으므로 그런 버릇은 빨리 고
치도록 노력해야겠다.

◉ 일어나서 할 일

잠은 항상 같은 시각에 자고 같은 시각에 일어나는 것이 건
강에 좋다. 그러므로 일찍 자고 일찍 일어나는 습관을 들여야
한다.

잠에서 깨면 곧 일어나야 한다. 잠이 깼는데도 이불 속에서
꼼지락거리고, 가족이 전부 일어난 후에 일어나는 것은 좋지
않은 습관이다.

일어나면 제일 먼저 창문과 문을 열어 놓고, 덮고 잔 이부
자리를 가지런하게 개어 놓는다. 날마다 되풀이되는 일이지
만 소홀히 해서는 안 된다.

다음에는 아버지 어머니께 아침 인사를 드려야 한다.

"아버지, 안녕히 주무셨어요?"

"어머니, 안녕히 주무셨어요?"

(3) 외출할 때의 예절

⊙ 집을 나설 때

대문 밖을 나갈 때는 반드시 부모님께,

"어머니, 문방구에 가서 공책 사 가지고 오겠어요."

"아버지, 바둑이를 데리고 동네 한 바퀴 돌고 오겠습니다."

하고 말씀 드려야 한다.

또 가고 싶은 곳, 가야 할 곳에 가도 좋다는 아버지 어머니의 허락을 받아야 할 경우도 있다.

친구네 집에 놀러 갈 경우나, 강이나 수영장 같은 곳에 물놀이를 갈 경우에는 반드시 집안 어른의 허락을 받고 가야 한다.

아무리 가고 싶더라도 아버지 어머니께서 만류하면 서운한 마음을 가라앉히고 부모님 말씀을 따르는 것이 예의이다.

다행히 허락을 받았을 때는,

"용규라는 우리 반 친구가 있는데, 오늘 용규의 생일 잔치에 초대를 받았습니다. 오후 3시까지는 꼭 돌아오겠습니다."

하고 가는 곳, 돌아오는 시각을 정확하게 말씀 드려야 한다. 그리고 돌아온다는 시간 약속을 꼭 지켜야 한다.

아버지 어머니는 어린 아들 딸이 밖에 나가서 제때에 돌아오지 않으면 혹시 나쁜 일이 생긴 것은 아닌가 하고 항상 불안한 마음을 가지게 된다.

◉ 집에 돌아와서

밖에서 돌아오면 반드시 어른 앞에 나아가,

"어머니, 다녀왔습니다."

"아버지, 이제 돌아왔습니다."

하고 말씀드려야 한다.

아버지 어머니께서 별로 바쁜 시간이 아니면 다정하게 앉아, 밖에서 있었던 일을 소상하게 말씀드리는 것이 부모님을 기쁘게 해 드리는 일이다.

"어머니, 오늘 경수의 생일 잔치에는 네 사람이 갔었어요. 저하고 영종이, 진아, 수희, 그리고 주인공인 경수 이렇게 모여 아주 즐거운 시간을 보냈어요. 경수 어머니께서 저희들을 위해 맛있는 음식을 많이 준비하셨던걸요. 제가 제일 좋아하는 잡채하고 수정과도 만드셨어요. 어떻게나 많이 먹었던지, 지금도 배가 이렇게 볼록하잖아요."

하고 자세한 이야기를 들려 드리면 아버지 어머니는 무척 기뻐하실 것이다.

집 밖에 나가 놀다 돌아오면 반드시 어른께 보고하는 습관을 잊지 말자.

집을 나갈 때, 어른께 말씀드리고, 돌아와서는 반드시 어른 앞에 얼굴을 보이고 인사하는 일은 가정 생활을 하는 기본 예절의 한 가지이다.

◉ 집안 어른이 나가고 들어오실 때

집안에 웃어른이 볼일을 보러 나가실 때는 반드시 대문 밖에까지 나가서,

"할머니, 편안히 다녀오세요."

"아버지, 다녀오십시오."

하고 인사를 드려야 한다.

어른이 나가시는 것을 알면서도 공부한다는 핑계로 그대로 방 안에 있다든지, 아니면 자기 방에서 목만 내밀고,

"다녀오세요."

하는 형식적인 인사를 해서는 안 된다.

그뿐만이 아니다. 어른이 밖에서 돌아오시면 하던 일을 멈추고 나아가,

"할머니, 이제 돌아오세요?"

"아버지, 안녕히 다녀오셨어요?"

이렇게 인사로 맞이해야 한다.

(4) 실내 예절

◉ 방 안을 드나들 때

밖에서 방 안으로 들어갈 때에는 노크를 하는 것이 원칙이다. 그냥 갑자기 방문을 열면 안에 있는 사람이 놀라게 된다. 특히 방 안에서 열심히 공부를 하거나, 어떤 일에 몰두해 있

는데 갑자기 문을 열면 공부나 일에 지장을 가져오게 된다.

특히 방 안에 어른이 계실 때는 조용히 밖에 서서,

"할머니, 저 좀 들어갈까요?"

하고 인기척을 하는 것이 예의이다.

어른이 밖에서 들어오실 때, 마당에서 '어험!' 하고 헛기침을 하는 것은 서양식 노크와 같은 이치의 예의이다.

양옥식 구조의 집에서는 문 밖에서 노크를 하지만, 재래식 한옥에서는 인기척을 하는 것이 무난하다.

또 문을 항상 조심스럽게 여닫도록 하고, 드나들 때 문지방을 밟지 않도록 해야 한다.

방에 들어가도 좋으냐고 여쭈었을 때 방 안에서,

"들어오지 마라."

"좀 있다가 들어오너라."

하고 말씀하시면 자기 방에 물러가 기다리는 것이 예의이다. 문 밖에서 방 안의 사정을 엿듣는다든지, 문 틈으로 엿보는 일이 있어서는 안 된다.

어른이 계시는 방을 드나들 때는 자세를 낮추어 공손한 태도를 보이는 것이 올바른 몸가짐이다.

◉ 집안 식구들과 함께 있을 때

가족이 둘러앉아 식사를 할 때나, 가족 회의를 하거나, 가족이 모여 즐거운 놀이를 할 때는 항상 가족 전체를 생각하는

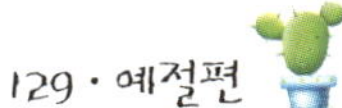

마음가짐이 중요하다.

가족이 한 상에 둘러앉아 즐겁게 식사할 때는 음식을 조용히, 맛있게, 깨끗이 먹는 것이 예의이다.

또 가족 회의를 할 때는 어른보다 먼저 마구 이야기하는 일이 없도록 조심하고, 차례를 기다려 조용조용 조리 있게 이야기해야 한다. 별다른 이야기가 없을 때는,

"저는 아버지 의견을 따르겠습니다."

또는,

"가족 전체의 뜻을 따르겠어요."

하고 다른 사람의 의견을 존중하는 태도를 가져야 한다.

"엄마 의견은 틀려요. 그게 뭐야?"

이렇게 버릇없이 남의 생각을 반대하는 일은 어렸을 때부터 삼가야겠다.

가족이 즐거운 놀이나 오락을 할 때는 반드시 순서와 질서를 존중해야 한다. 또 전체의 즐거운 분위기를 깨는 일을 하지 말아야 한다.

노래 순서가 돌아왔을 때, 노래를 잘 못한다고 다른 곳으로 달아나 버린다거나, 시간을 끌면서 흥을 깨뜨리는 일은 없어야겠다.

이처럼 여럿이 즐기는 시간에는 되도록 전체의 분위기를 즐겁게 만들도록 협조하는 마음가짐이 필요하다.

즐거운 곳에서는 즐거워하고, 슬픈 곳에서는 슬퍼하는 것

이 올바른 예의이다.

온 가족이 함께 있을 때는 남의 장점을 이야기하며, 되도록 좋은 화제를 꺼내는 것이 바람직하다.

교양 없는 사람들은 어딜 가나 남을 헐뜯고, 남의 결점만 흉보려고 한다.

'똥 묻은 개가 겨 묻은 개를 나무란다.' 는 속담과 같은 행동이 될 것이다.

◉ 혼자 있을 때

학생이 혼자 있을 때는 공부하는 것이 가장 바람직한 일이다. 혼자 있을 때는 알맞은 음성으로 책을 소리내어 읽는 것도 좋다. 낭독하는 습관이 길러지기 때문이다.

여러 사람이 같이 읽는 때는 묵독(소리를 내지 않고 눈으로 읽음)을 하지만, 혼자 있을 때는 종종 음독을 하는 습관을 기르는 것이 좋다.

집 안에서 책 읽는 소리가 흘러나오는 것처럼 듣기 좋은 일도 없을 것이다.

혼자 있을 때, 좋은 그림을 감상하거나 아름다운 음악을 감상하는 것도 고상한 취미이다. 붓글씨나 펜글씨를 익히는 것도 취미 기르기의 좋은 방법이다.

혼자 있을 때라도 옷은 간편하게, 단정하게 입는 것이 좋다. 혼자 있는다고 해서 옷을 다 벗고 있다가 갑자기 손님이

라도 찾아오면 당황하게 된다.

조용히 혼자 있을 때 친구에게 편지를 쓴다든지, 동요나 동시를 한 편 지어 보는 것도 아름다운 마음가짐이다.

◉ 마루나 응접실에서

우리가 사는 집의 구조를 보면, 재래식 한옥은 대개 방과 방 사이에 넓은 마루가 있고, 양옥은 마루 대신으로 응접실이 있다.

응접실에는 대개 손님과 주인이 같이 앉을 수 있는 응접 소파가 있고, 가운데에는 탁자가 있다.

응접실의 의자는 주인과 손님이 앉는 의자가 구분되어 있다.

혼자 앉는 의자와 여럿이 함께 앉는 의자가 놓였을 때는 혼자 앉는 의자에 주인이 앉게 되어 있다.

응접실 소파가 푹신한 안락의자라고 해서 눕거나 탁자 위에 발을 얹어 놓거나 해서는 안 된다.

자기 집 응접실에 집안 식구끼리 앉아 이야기를 나눌 때에는 반드시 가장 웃어른을 가운데 주인 자리로 모시고, 나이 어린 사람이 먼 쪽으로 앉는 것이 예의이다.

한옥 마루에는 대개 방석을 깔고 앉거나, 번거로울 때는 돗자리를 깔고 가족이 둘러앉는다.

이 때 웃어른은 안쪽으로 앉고, 부엌이나 바깥으로 자주 드나들어야 할 사람은 문에서 가까운 쪽에 앉는 것이 좋다.

어린이들은 되도록 편안한 자세로 다리를 한쪽으로 모아 앉는 것이 보기에 좋다.

식구들 앞에서 불편하다고 턱을 괸다든지, 기대어 앉아 두 다리를 뻗는 일 등은 삼가야 한다.

남이 이야기할 때는 그 사람의 얼굴을 바라보며 귀담아 듣는 것이 예의이며, 어른의 말 중간에 끼어드는 일이 있어서는 안 된다. 또 온 가족이 모여 즐겁게 이야기하고 있는데 함께 있으면서 손장난을 한다거나, 만화책을 본다거나, 돌아앉아 텔레비전을 본다거나 하는 일도 바람직한 태도가 아니다.

(5) 공경 예절

웃어른을 대할 때는 우선 공경하는 마음으로 공손하게 행동하여야 한다.

◉ 어른과 이야기를 나눌 때

어른과 이야기를 나눌 때는 반드시 존댓말을 써야 한다.

"네 이름이 뭐냐?"

하고 물어 왔을 때 똑똑하게,

"예, 정옥희입니다."

이렇게 대답한다. 그러나 가까운 집안 어른이 물었을 때는,

"옥희라고 합니다."

하고 성은 붙이지 않고 이름만 알려 드리면 된다. 또 어린이
는 아버지나 할아버지 이름을 친구 이름처럼 마구 불러서는
안 된다.

"네 아버지 성함이 무엇이냐?"

"아버지요? 김경환이에요."

이런 대답은 버릇이 없고, 가정 교육이나 학교 교육을 받지
못한 어린이의 대답이다.

"예, 김 경자, 환자입니다."

또는,

"김경환 씨입니다."

라고 대답해야 한다.

"엄마, 낮에 최장수라는 할아버지가 왔다 갔어요."

이런 말은,

"어머니, 낮에 최장수 씨라고 하는 할아버지께서 다녀 가셨
어요."

이렇게 말해야 한다. 어른에 대한 존댓말은 항상 익혀 써서
습관화되어야 자연스럽게 할 수 있다.

◉ 어른과 함께 길을 걸을 때

웃어른께 길을 안내할 때는 한두 발자국 앞에서 조금 옆으
로 비켜, 어른의 걸음 속도에 맞춰 걸어야 한다. 노인의 걸음
이 더딘데 혼자 달아나면 안내의 구실이 안 된다.

　혹 걸음이 불편하시면 옆에서 부축하여 모셔 드리는 것이 좋겠다.

　또 어른과 함께 길을 걸을 때는 모시는 사람이 찻길 쪽으로 서서 가는 것이 예의이다.

　기차나 버스를 탈 때나 내릴 때는 반드시 어른이 먼저 오르고 내리도록 해야 한다.

　버스에 올라 보면 어떤 자리는 '경로석' 이란 표시가 붙어 있다. 그 자리는 특별히 노인을 모시는 자리로 정해 놓았으므로 앉지 않는 것이 예의이다.

택시를 탈 때 친절을 베푼다고 택시 문을 열고,

"할아버지 안 쪽으로 타세요."

하고 노인을 안쪽으로 들어가게 하는 것은 잘못이다. 택시는 될 수 있는 대로 노인이 타고 내리는데 힘이 덜 들고 편해야 한다.

그러므로 어린이나 젊은이는 먼저 안 쪽으로 타고 노인은 문에 가까운 쪽에 타도록 해야 한다.

택시에 세 사람이 나란히 탈 때는 내가 가운데 자리에 앉는 것이 예의이다. 가운데 자리가 가장 비좁고 불편하기 때문이다.

네 사람이 택시를 탈 때는 운전사 옆 좌석이 가장 불편한 자리가 된다. 그러므로 손님을 모실 때 안내자가 운전사 옆에 앉는다.

⊙ 어른 앞에서 지킬 예의

어른 앞에서는 옷차림, 몸가짐이 항상 단정해야 한다. 그리고 밝은 얼굴로 어른을 대해야 한다.

어른이 말씀하실 때는 귀담아 듣고 뜻을 모를 때, 의문이 생겼을 때는 그냥 아는 체하고 넘어가는 것보다 다시 여쭈어 보는 것이 올바른 태도이다.

또 어른 앞에서 우쭐해 가지고 자기 자랑을 늘어 놓는 일은 삼가야 한다.

어른과 마주 앉아서 식사를 하거나 다과를 들 때, 먼저 손이 가는 것은 버릇없는 행동이다.

어른 앞에 친구를 소개할 때는 먼저 친구를 인사 드리도록 한 다음에,

"할머니 저의 친구 필준이에요. 저와 같은 반인데 달리기를 썩 잘 하는 좋은 친구예요."

하고 자연스럽게 소개해 드린다. 친구를 어른 앞에 소개할 때는 되도록 친구의 좋은 점, 자랑거리를 말씀드리는 것이 서로의 예의다.

"할머니, 이 아이 좀 보세요. 꼭 이티 닮았지요? 생긴 게 웃긴다고요."

이런 식으로 소개하는 일이 없도록 해야 한다.

어른 앞에서 큰 소리를 지르거나, 졸음이 온다고 입을 크게 벌려 하품을 하는 일은 버릇이 없는 행동이다.

어른이 피곤해하실 때,

"할아버지, 제가 어깨를 주물러 드릴까요?"

"할아버지, 여기 좀 누우세요."

하고 도와 드리는 태도가 바람직하다.

어른이 부를 때 대답하고 빨리 달려가,

"아버지, 부르셨어요?"

하고 여쭈며 어떤 심부름을 시키더라도,

"예, 다녀오겠습니다."

또는,

"잠깐 기다리세요. 곧 찾아 드리겠어요."

하고 도와 드리는 것이 어른께 기쁨을 드리는 일이다.

우리들의 생활 중에 어른을 공경하는 일보다 더 자랑스럽고 보람된 일은 없을 것이다.

(6) 효도 예절

◉ 아버지 어머니의 사랑

아버지 어머니는 나를 낳아 주시고 길러 주신 어른이시다. 이 세상에 내게 아무리 고마운 사람이 있더라도 부모님의 고마움과 그 은혜를 따를 수는 없다.

우리가 즐겨 부르는 '어머님 은혜' 란 노래의 노랫말을 다시 한 번 되새겨 보자.

높고 높은 하늘이라 말들 하지만
나는 나는 높은 게 또 하나 있지
낳으시고 키우시는 어머님 은혜
푸른 하늘 그보다도 높은 것 같애

넓고 넓은 바다라고 말들하지만
나는 나는 넓은 게 또 하나 있지

사람되라 이르시는 어머님 은혜
푸른 바다 그보다도 넓은 것 같애

　이 노랫말과 같이 부모님의 은혜는 하늘보다 높고, 바다보다 넓은 것이다.
　그러나 인간이 공기 속에서 살기 때문에 공기의 고마움을 모르듯이, 우리는 늘 아버지 어머니의 사랑 속에서 자라고 있기 때문에 부모님의 은혜를 잊어버리기 쉽다.
　다음 노래를 읽어 보자.

낳으실 제 괴로움을 다 잊으시고
기르실 제 밤낮으로 애쓰는 마음
진 자리 마른 자리 갈아 뉘시며
손발이 다 닳도록 고생하시네
하늘 아래 그 무엇이 넓다 하리오
어머님의 희생은 가이 없어라

어려선 안고 업고 얼러 주시고
자라선 문 기대어 기다리는 마음
앓을 사 그릇될 사 자식 생각에
고우시던 이마 위에 주름이 가득

땅 위에 그 무엇이 높다 하리오
어머님의 정성은 지극하여라

사람의 마음 속엔 한 가지 소원
어머님의 마음 속엔 오직 한 가지
아낌없이 일생을 자식 위하여
살과 뼈를 깎아서 바치는 마음
인간의 그 무엇이 거룩하리오
어머님의 사랑은 그지없어라

이 노래는 돌아가신 양주동 선생님께서 지으신 '어머니의 마음' 이란 시이다.

정말 부모님은 우리들을 잘 먹이고, 잘 키우고, 훌륭한 사람을 만들기 위하여 살과 뼈를 깎아서 바치는 고마운 분들이시다.

우리가 부모님께 효도하는 길은 여러 가지가 있겠지만, 그 무엇보다도 부모님 마음을 편안하게 해 드리는 일이다.

마음을 편안하게 해 드린다는 것은 곧 마음을 괴롭게 하지 않는다는 뜻이니, 이를테면 부모님의 마음을 이해하고 잔심부름을 잘 해 드리고, 형제들이 의좋게 놀고, 내가 해야 할 공부를 열심히 하는 일들이 곧 부모님께 효도하는 길이다.

건강한 부모님이 계시는데, 초등 학교에 다니는 어린이가 효도한다고 학교는 안 가고 길거리에서 돈벌이를 한다거나, 시키지도 않은 집안 살림을 한다고 어린 딸이 부엌에 들어가 밥을 짓고 설거지를 하고 힘에 겨운 빨래를 하는 등의 일은 오히려 부모님을 욕되게 하고 불안하게 만드는 결과가 될 것이다.

어른이 할 일이 따로 있고, 어린이는 어린이가 할 일이 따로 있다. 그러므로 올바른 효도는 어린이로서의 아들 딸이 해야 할 일을 충실히 하는 것이다.

부모님 앞에서 공손하고 고운 말씨를 쓰며, 항상 밝고 명랑하게 생활하는 태도가 중요하다. 이렇게 자연스럽고도 올바른 생활 태도가 아버지 어머니의 큰 사랑에 보답하는 지름길인 것이다.

◉ 효자와 박석고개 전설

서울의 서쪽 구파발이란 마을 남동쪽에 있는 고개 이름이 '박석고개' 이다.

옛날 옛날 아주 옛날에 이 고개 근처 효경동이란 조그만 마을에서 박씨 성을 가진 젊은이가 앞을 못 보는 늙은 어머니를 모시고 살았다고 한다.

아버님을 일찍 여의고 이 젊은이는 홀로 계신 어머니를 봉양하느라 장가도 못 들고 딱하게 살아가고 있었다.

보통 젊은이 같으면 늙은 장님 어머니를 모시고 홀로 살아가는 고통스러움에 신세 타령이라도 할 텐데, 밭 한 뙈기 없는 가난 속에서도 앞 못 보는 어머니에 대한 효심은 하늘이 감동할 만큼 지극하였다.

산에서 나무를 해다 팔아서 양식을 마련해 오고 물가에 나가 고기를 낚아 어머니께 따뜻한 진지를 지어 올리는 것이 젊은이에게는 하루도 거를 수 없는 일과요, 즐거움이었다.

이런 환경 속에서 살아가는 이 젊은이에게 시집오는 여자는 아무도 없었다.

"애야, 어떻게 장가라도 들어야 할 텐데……."
앞 못 보는 어머니가 안타까워하면,
"어머니, 별 걱정을 다 하세요. 저는 아무렇지도 않아요. 어
머니만 건강하시면 됩니다."
하고 젊은이는 도리어 어머니를 위로해 드리는 것이었다.
"에이그, 이 늙은 것이 얼른 죽어야 할 텐데……."
"어머니 왜 그런 말씀을 하세요. 제가 해 드리는 진지가 입
에 맞지 않으신가요?"

“아니야, 아니다. 이 늙은 것이 너를 너무 고생시키는 것 같
아서 그러는 거야?”
이렇게 주고받는 모자의 대화 속엔 사랑과 효심이 가득차
있었다.
이 젊은 효자의 소문은 나라 임금님의 귀에까지 들어갔다.
“호오, 장한 일이로다. 이 서울 근처에 그런 착한 효자가 있
다고? 내가 직접 그 젊은이를 한 번 만나 보도록 하리라.”
하고 임금님은 아무도 눈치채지 못하도록 평민복으로 갈아

입고 그 젊은이의 집을 찾았다.

"이리 오너라."

"밖에 뉘신지요?"

"이 댁 아드님을 좀 만나려고 찾아왔습니다."

"우리 아들이 이 눈먼 어미 저녁 반찬한다고 냇물에 고기를 낚으러 갔지 뭡니까? 어디서 오셨는지 모르겠지만 여기 섬돌에라도 좀 걸터앉으시지요."

"예, 강가에 나가 보겠습니다."

임금님은 젊은이가 고기를 낚고 있는 강으로 발길을 옮겼다. 해 저문 강가에 젊은이는 혼자 낚시를 놓고 고기가 낚이기를 애타게 기다리고 있었다.

"젊은이, 고기가 많이 낚이오?"

"웬걸요. 오늘은 영 고기가 낚이지 않습니다. 하온데 손님은 뉘신지요?"

"지나는 길손인데 나도 고기 낚기를 좋아해 구경 좀 하려고요. 그런데 젊은이는 이렇게 해가 저무는데 무슨 낚시를……."

"예, 어머님께서 워낙 물고기를 좋아하시기에 한 마리 잡아서 구워 드리려고 나왔습니다."

"호오, 그 참 효자로구먼."

"부끄럽습니다. 아들 노릇도 제대로 못하는걸요."

이렇게 이야기를 주고받는 사이 겨우 잉어 한 마리를 낚았다.

젊은이는 바삐 낚시를 걷어가지고 집으로 향했다.

"어머니께서 몹시 기다리실 것 같아서 먼저 가겠습니다."

"여보시오, 젊은이! 날도 어둡고 하니 젊은이 집에서 하룻밤 신세질 수 없겠소?"

"글쎄 주무시는 건 어렵지 않지만 워낙 누추한 곳이라서 손님을 모시기엔 부끄럽습니다."

"원 별 소릴. 가난한 살림이 무슨 죄가 되겠소."

임금님은 나그네 행세를 하며 젊은이의 집으로 따라왔다.

젊은이의 효성은 과연 대궐에서 듣던 소문 그대로였다.

너무나 구차한 살림이지만 젊은이는 따뜻한 진짓상을 차려 들고 와, 어머니께 밥 한 술을 떠 입에 넣어 드리고, 구운 고기를 젓가락으로 조심조심 집어 정성스레 입에 넣어 드리는 것이 아닌가!

행여 작은 고기뼈라도 섞일까 봐 뼈를 골라 내고, 다시 밥 한 술에 고기 한 점을 놓아 어머니께 먹여 드리는 아름다운 효성에 임금님은 눈시울이 뜨거우리만큼 감동되었다.

'아, 천하에 보기 드문 이 효자에게 내가 큰 상을 내리리라.'

임금님은 난생 처음으로 이 가난한 젊은이의 집에서 푸성귀 같은 총각김치에 잡곡밥 한 그릇 대접을 받았지만, 어느 정승 집에서 진수 성찬을 대접받은 것보다 몇 갑절 맛있고 따뜻한 정을 느꼈다. 그리고 젊은이가 장가를 못 든 까닭도 짐작했다.

"나야 지나가는 나그네요만 젊은이의 소원이나 들어 봅시
다."

"저야 그저 총각 신세나 면하고, 앞 못보는 답답한 저의 어
머니 여생을 편안히 모시는 것이 소원이지요. 농사지을 밭
이라도 한 뙈기 있으면 양식 걱정 덜겠습니다."

"그렇겠군. 내 대궐 근처에 사는데 젊은이의 딱한 사정을
글월로 적어 상감께 한 번 올려 볼까요?"

"아아,아니 됩니다. 어디 조선 팔도에 가난한 사람이 저 하

나쁜인가요? 말씀만 들어도 고맙습니다.”

“참으로 착한 젊은이로군.”

날이 새자 임금님은 바쁜 걸음으로 다시 대궐로 돌아왔다.

그리고 당장 신하를 불러 간밤에 손수 만나 본 그 효자를 대궐로 데려오라고 분부했다.

젊은이는 아무 영문도 모르고 대궐로 불려 들어와 임금님 앞에 엎드렸다.

“젊은이는 고개를 들라.”

젊은이가 조심스레 고개를 들고 바라보니 이 어찌 된 일인가? 용상에 앉으신 임금님은 바로 어젯밤에 자기 집에서 묵었던 나그네였다.

“상감 마마, 죽을 죄를 졌사옵니다.”

“죽을 죄라니? 짐이 간밤에 큰 신세를 졌느니라. 너는 우리 나라에 실로 자랑할 만한 효자로구나. 이제 네가 살고 있는 그 마을 뒷산을 너에게 상으로 하사할 것이니, 밭을 일구워 열심히 농사를 짓고 불편하신 노모의 여생을 편안히 모시도록 하라.”

이리하여 박씨 젊은이가 사는 마을 뒷산을 효자상으로 받았는데, 그 산에 돌이 많아 ‘박씨의 돌 많은 고개’ 란 뜻으로 ‘박석고개(朴石峴)’ 란 이름이 붙여졌다고 한다.

참으로 아름다운 전설을 간직한 고개이다.

이 밖에도 우리 나라 여러 고장에는 효자, 효부, 열녀의 아름다운 이야기가 많다.

　우리 나라는 예로부터 ‘동방예의지국’ 이라 해서 예절을 생활의 근본으로 삼고 있으며, 그 많은 예의 중에서도 ‘효’ 를 으뜸으로 여기고 있는 것이다.

◉ 효도하는 마음과 몸가짐

　우리가 고마우신 부모님께 효도하는 방법은 무엇일까?

　첫째는 아버지 어머니의 마음을 이해하는 길이다. 넉넉지 않은 살림을 꾸려 나가시면서 아들 딸의 장래를 위하여 저축하시는 마음, 아들 딸이 행여나 비뚤어진 길을 걷지나 않을까 걱정되어 자주 꾸중하고 타이르시는 마음, 아들 딸이 바라는 것을 마음껏 해 주고 싶어도 해 줄 수 없는 안타까운 마음 등을 우리는 이해할 줄 알아야 한다.

　여름 삼복 더위에 아버지 어머니는 직장에서 혹은 집에서 열심히 일하시는데, 아들 딸은 방학이 되었다고 바닷가로 피서를 가자고 졸라대는 일 따위는 부모님의 마음을 이해 못 하는 행동이라고 하겠다.

　친구가 유행하는 옷을 입고, 유행하는 신발을 신었다고 집안 형편은 생각지도 않고 자기도 유행에 따라가려고 하는 행동도 바람직한 태도가 못 된다.

　둘째는 부모님 앞에 유순하고 밝은 얼굴을 해야 한다. 아버지 어머니 앞에서 공손하지 못하고 성난 얼굴이나 찌푸린 얼

굴을 하면 부모님 마음이 불안해지고 서운해지게 마련이다.

　집에서나 밖에서나 항상 밝은 얼굴, 웃는 표정은 부모님뿐
만 아니라 모든 사람에게 즐거움을 안겨 준다.

　셋째는 집안에서 잔심부름을 잘 하는 것이 효도하는 길이
다. 어른이 해야 할 힘든 일을 하라는 것이 아니다. 아주 작고
간단한 일이다. 아버지 방에 방석이나 재떨이를 갖다 드리는
일, 아버지의 양말이나 손수건을 빨아 드리는 일, 집안 청소

를 거들어 드리는 일 등을 하면 부모님은 몹시 고마워하고 흐
뭇해하신다.

넷째는 형제 자매들이 의좋게 지내는 일이다. 형제 자매들
이 자꾸 싸우고, 사이가 나쁘게 지내면 부모님의 마음은 서글
퍼진다. 화목하고 단란한 가정이란 집안 식구들이 웃으며 즐
겁게 생활함을 말한다.

곧 화목하고 단란한 가정이라야 참된 생활의 보금자리라고
할 수 있겠다. 이런 가정 분위기를 부모님은 바라고 있는 것
이다.

부모님께 효도하는 길은 우리의 생활과 우리의 마음에서
멀리 있는 것이 아니다. 가장 가까운 곳에 있으며 가장 쉬운
일들이다.

그렇지만 이 가깝고도 쉬운 일, 작은 일들은 결코 그냥 이
루어지는 것이 아니다. 부모님을 공경하는 마음에서부터 우
러나오는 것이다.

(7) 제례 의식 예절

⊙ 제사를 지내는 까닭

제사란 돌아가신 조상 어른께 자손들이 올리는 조상 숭배
의 예의라고 하겠다. 이 제례 의식을 미신과 혼돈해서는 안
된다.

돌아가신 조상께 올리는 제사에 있어서는 종교에 따라 그 방법이 다를 뿐이다.

일반 가정에서 제사상을 차려 놓고 향을 피우고 축문을 읽고 절을 하는 것은 유교식 의식이다.

불교 의식은 유교 의식과 비슷하지만 기독교 의식은 유교나 불교식과는 다르다. 기독교에서는 죽은 사람에게 절을 하지 않고 축문을 읽지 않는다. 그 대신 고인의 명복을 비는 기도를 드린다.

종교는 그 나름대로 독특한 의식을 가지고 있으므로 불교를 믿는 사람은 불교 의식을 따라야 하고, 기독교를 믿는 사람은 기독교 의식에 따라야 한다.

가정 생활에서 제례 의식은 대단히 중요한 역할을 한다.

나무도 뿌리가 없으면 무성할 수 없고, 강물도 거슬러 올라가 보면 작은 샘에서 비롯된다. 조상을 모르는 자손은 뿌리를 잃어버린 나무와 같은 것이다.

우리가 명절 때 조상께 차례를 올리고, 돌아가신 날이 돌아오면 온 가족이 모여 제사를 드리는 것은 돌아가신 어른의 뜻을 되새기고, 고인이 살아서 이룩해 놓은 크고 작은 업적이나 가르침을 기리는 마음에서 비롯된다.

◉ 제사에 임하는 태도

우리는 경건하고 엄숙한 태도로 제사에 임해야 된다.

　물론 목욕하고 깨끗한 몸, 깨끗한 옷차림으로 조상을 대하는 것이 올바른 예의이며 도리이다.

　산 사람은 늘 대할 수 있지만, 돌아가신 조상께는 1년에 한두 번 특별한 날에만 뵙는 것이다. 그러므로 제사는 온 가족이 모여 돌아가신 조상의 넋을 위로하고 업적을 기리는 의식이기 때문에 몸과 마음의 정성이 특히 중요하다.

　또한 제사에 쓰이는 음식이 어떤 종류이며 젯상을 어떻게 진설하는지 눈여겨보고 배우도록 해야 한다. 또 제사에서는 반드시 절을 두 번씩 하게 되는데, 공손히 천천히 경건한 마음으로 해야 한다.

제사 때 향을 피우는 것은 주위의 잡냄새를 없애고 환경을 정결하게 하기 위해서이다.

또 축문이라고 해서 한자글을 써서 엄숙히 낭독하는데, 이 때 제사에 참여한 모든 사람은 조용히 꿇어앉아 고개를 숙이고 경건한 마음으로 듣는다.

이 축문은 일종의 기도문이다. 돌아가신 날을 맞이하여 자손들이 한 자리에 모여 작은 음식을 차려 예를 올리오니 강림하시어 흠향하시라는 뜻의 글이다.

그러므로 엄숙한 자세로 조용히 들으며 마음 속으로 조상을 생각해야 한다.

   기제사는 보통 제사라고 하는데, 돌아가신 날을 기념하여 올리는 제례 의식이고, 차례란 음력 초하루, 보름과 명절날, 조상의 생일 등에 아침 혹은 낮에 지내는 제례이다. 차례는 다례 혹은 차사라고도 한다.

   기제사는 1년에 한 번, 돌아가신 날 새벽이나 저녁에 온 집안 식구와 가까운 일가 친척이 모여 지내게 된다.

   그러나 차례는 아침에 가족끼리 지내는 간단한 제사이므로 축문은 읽지 않는다.

   제사를 지내는 집에서는 제사에 참여한 모든 사람에게 음

식을 차려 대접하는 것이 예의로 되어 있다.

제사는 살아 있는 자손들이 조상을 위하고 기리는 마음의 정성이 중요하다. 그러므로 분수에 맞게 제사 음식을 정성껏 마련해야 한다.

손님이 온다고 해서 손님에게 보이기 위한, 손님들을 대접하기 위한 제사가 되어서는 안 된다.

옛날에는 제사에 한자로 된 축문을 읽었으나 요즘은 차차 우리말로 된 쉬운 축문을 읽는다. 아무도 모르는 한자 축문을 더듬더듬 읽는 것보다 우리말, 우리글로 된 쉬운 축문을 읽는 것이 바람직하다.

(8) 식사 예절

◉ 식사하는 자세

식사하는 시간에는 바르고 편한 자세로 앉아 맛있게 먹는다. 그리고 음식을 골고루 먹는 것이 건강에 좋다.

밥 한 그릇, 반찬 한 가지에도 어머니의 정성이 깃들어 있음을 생각해야 한다.

우리 한국식 식사에는 수저가 기본적인 식사 도구이다. 그러므로 어려서부터 숟가락과 젓가락 쥐는 방법을 바르게 익혀야 한다.

음식은 천천히 여러 번 씹어야 한다.

　　너무 성급하게 빨리 먹는 것은 체하기 쉽고, 보기에도 좋지
않다.

　　음식을 먹을 때 그릇이나 수저 소리를 시끄럽게 내면 몹시
천박스럽게 느껴진다.

　　상 위나 바닥에 음식물을 흘리지 않도록 조심하고, 특히 입
고 있는 옷에 음식물이나 국물이 묻지 않도록 해야 한다.

　　국이나 찌개가 간이 맞지 않을 때는 소금이나 간장을 조금
씩 넣어 가며 간을 맞추어 먹는다. 그러나 모든 음식은 약간
싱겁게 먹는 것이 건강에 좋다고 한다.

　　음식을 먹을 때, 국물을 후루루 소리내어 들이마신다든지,

입을 많이 벌리고 짝짝 소리를 내는 일은 천박스럽게 느껴진다. 되도록 입술을 붙이고 조용히 먹는 것이 예의이다.

양식을 먹을 때는 양손을 사용하게 된다. 포크는 왼손으로 잡고, 오른손에 나이프(칼)를 잡고 고기를 썬다. 그리고 왼손의 포크로 고기나 다른 음식을 찍어 먹는다.

⊙ 음식을 여럿이 같이 먹을 때

음식은 혼자 먹을 때보다 여럿이 같이 먹을 때가 많다.

끼니마다 가족이 둘러앉아 먹게 되고, 때로는 다른 집에 손님이 되어 갔을 때 그 집 식구들과 함께 식사를 하게 된다.

여럿이 먹을 때는 혼자 먹을 때보다 훨씬 주의해야 한다.

어른과 함께 식사할 때는 어른이 먼저 수저를 든 다음에 나중에 수저를 잡는 것이 예의이다.

반찬을 가운데 놓고 함께 먹을 때는 젓가락으로 집었던 반찬을 도로 놓는다거나 젓가락으로 이것저것 뒤적거리는 일이 없도록 해야 한다.

특히 숟가락으로 찌개나 물김치 등을 떠 먹을 때는 밥알이나 다른 음식 찌꺼기가 숟가락에 묻지 않도록 조심해야 한다.

음식상 앞에서 기침이나 재채기를 하는 것은 큰 실례이다. 갑자기 기침이나 재채기가 날 때는 수저를 놓고 고개를 뒤로 돌려 얌전히 손을 가리고 해야 한다.

여럿이 먹을 때 혼자 맛있는 반찬을 다 먹어 버린다거나,

싫어하는 반찬을 집어 남의 앞에 밀어 놓고, 좋아하는 것을 자기 앞으로 당겨 놓는 일도 보기 흉하고 얄미운 행동이다.

음식을 얌전히, 귀엽게, 맛있게 먹는 일은 참으로 아름다운 식사 예절이다.

여러 사람이 음식을 함께 먹을 때,

"아이고 짜. 찌개가 소금국이야."

"무슨 쇠고기가 이렇게 질기담."

하고 반찬이 입에 맞지 않는다고 투정하는 일은 예의에 벗어나는 행동이다.

음식 맛이란 기분에 좌우되므로 오히려 여러 사람에게 맛을 돋우도록,

"찌개가 저의 입에는 조금 짜지만 참 맛있게 끓었어요."

이렇게 식사 분위기를 살리는 것이 지혜로운 태도이다.

또 개개인 앞에 따로 담아 준 밥이나 국 등을 다 먹기에 양이 많을 때는,

"빈 그릇 하나만 주세요."

하고 청하여 미리 덜어 놓는 것이 바람직한 태도이다.

⊙ 식사 시간의 이야기

옛날 어른들은 음식을 먹으면서 이야기를 하면 복이 나간다 해서 이야기를 금지했다. 그러나 오늘날은 오히려 다정스런 이야기를 나누면서 즐겁게 먹는 것이 바람직한 식사 예법

으로 되어 있다.

식사 시간에 마치 다툰 사람들처럼 말 한 마디없이 음식만 먹고 물러나 앉는다는 것은 생각만 해도 우습고 답답한 일이 아닌가?

본시 음식은 즐거운 마음으로 천천히 먹어야 소화가 잘 된다. 불안하고 불편한 마음으로 식사를 하면 맛도 없을 뿐만 아니라 먹은 것이 소화도 잘 안 된다.

그러므로 즐겁고 부드러운 분위기 속에서 간간이 정다운 이야기를 나누면서 식사를 하는 것이 좋다.

식사를 하면서 어느 한 사람이 혼자서 긴 옛날 이야기를 한다거나, 무서운 이야기, 징그럽고 지저분한 벌레나 동물 이야기를 한다거나 하는 일은 삼가야 한다.

"자, 이 전을 맛 보세요. 우리 큰딸이 처음으로 만든 요리 솜씨지요."

"그거 참 맛있어 보이네요."

"그럼요. 제가 요리책을 보고 두 시간에 걸쳐 만든걸요."

"야, 우리 누나 요리 솜씨도 괜찮은데?"

"아직은 시집을 보낼 수 없는걸. 실습을 더 해야겠어."

"하하하."

"호호호호."

이렇게 이야기를 나눈다면 얼마나 즐거운 식사 분위기가 될까?

우리 나라 사람의 예절의 근본은 자기를 낮추고 남 앞에서는 겸손한 태도를 갖는 일이다.

그래서 손님을 초대해 놓고도 주인은,

“아무것도 차린 것이 없습니다. 맛은 없더라도 많이 드십시오.”

이렇게 인사하며 권한다.

얼마나 겸손한 말인가?

“사모님, 김치찌개 솜씨가 대단하십니다.”

손님이 맛있는 음식 솜씨를 보고 이렇게 칭찬하면,

“아유 부끄러워요. 뭐 잡수실 반찬이 있어야지요.”

하고 겸손의 미덕을 보인다.

서양 사람들이 음식을 권하는 법은 우리 나라와는 반대라고 한다.

“많이 드십시오. 오늘 하루 종일 제가 정성을 다해 장만한 음식이랍니다. 특히 이 칠면조 요리는 아무도 따를 수 없는 저의 특기 솜씨이니까요.”

손님 앞에서 주인은 이 같은 인사를 하며 많이 먹기를 청한다고 한다. 그 사람들은 이처럼 솔직한 것을 그대로 표현한다.

서양 사람들의 이런 음식 권하는 태도에서도 우리가 본받을 점은 배워야겠다.

그러나 음식은 상대방의 식성에 따라서 알맞게 권하는 것이 바람직한 태도일 것이다.

3. 방문 예절

(1) 방문 예절

내가 다른 사람을 찾아갈 때, 만나는 장소와 만나는 용건이 여러 가지이다.

만나는 장소가 상대편의 집일 수도 있고, 사무실이나 학교 같은 곳일 수도 있고, 때로는 식당이나 제과점 같은 장소일 수도 있다.

만나는 용건도 놀러 가는 수도 있고, 어른의 심부름으로 가는 수도 있으며, 무엇을 조사하러 가는 수도 있다.

또 평소 잘 알고 자주 가는 집이 있는가 하면, 1년에 한두 번쯤 다니러 가는 친척집도 있고, 전혀 모르는 집을 처음 방문하는 경우도 있다.

이러한 여러 가지 경우에 따라 방문하는 예절을 잘 알아두는 것이 편리하다.

◉ 남의 집을 방문했을 때

대문 앞에서 손님이 왔음을 알리는 벨을 누르거나 그런 것이 없을 때는 대문을 똑똑 두드려 신호를 한다.

대문이 없는 집도 있다. 그럴 때는 대문 밖에서,

"계십니까?"

하고 말로 신호를 보낸다.

안에서 사람이 나오면 정중하게 인사를 하고 찾아온 용건을 말씀드린다.

"안녕하십니까? 저는 영희의 같은 반 친구 윤종구라고 합니다. 담임 선생님께서 이 편지를 영희 아버지나 어머니께 꼭 좀 전해 드리라고 해서 찾아왔습니다."

하고 용건을 똑똑하게 말해야 된다.

처음 찾아간 집이면 되도록 방 안에 들어가 어른께 절을 하는 것이 올바른 예의이다.

"철수 어머니, 앉으십시오. 절을 올리겠습니다."

하고 무릎을 꿇어 절을 올리면,

'이 아이는 뉘집 아들(딸)인지 매우 예절이 바른 집안 아이로구나.'

이렇게 생각할 것이다.

처음 찾아간 집에서 첫인사란 매우 중요한 인상을 준다.

어른 앞에서 공손하고 단정하게 무릎을 꿇고 앉았다가 어른이 편안히 고쳐 앉으라고 하면 그 때 편한 자세로 앉는다.

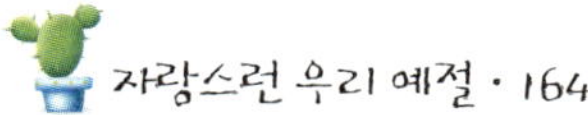

어른의 물음에는 밝고 겸손한 얼굴빛으로 한 가지씩 대답
한다.

"그래 아버님께서는 무얼 하시느냐?"

"예, ○○ 초등 학교 교감으로 계십니다."

"형제는 몇이니?"

"오누이인데, 누나가 중학교 2학년입니다."

"그래, 철수하고 앉아 놀아라."

"예."

남의 집에 손님이 되어 가면 조용히 앉아 놀아야 한다.

차나 과일을 내어 오면 주인과 마주 앉아 정답게 먹는다. 차려온 다과를 몽땅 먹는 것보다 차는 깨끗이 마시고, 과일이나 과자는 조금 남겨 놓는 것이 우리 나라의 예법이다.

남의 집에 손님이 되어 가서 너무 오래 있어서는 좋지 않다. 식사 시간 전에 돌아오는 것이 예의이다.

또한 남의 집을 방문할 때는 식사 시간을 피해야 한다.

"들어와서 기다리려므나. 좀 심심하더라도……."

하고 권하면 마루나 응접실에 앉아 조용히 기다린다.

뵙고자 하는 분을 만나지 못할 때는 간단히 편지를 써 놓고 돌아와도 된다.

◉ 사무실이나 학교를 방문했을 때

집을 방문했을 때는 좀 오래 있을 수도 있고 다과나 식사 대접을 받을 수도 있지만, 사무실이나 학교 등을 방문했을 때는 그럴 수가 없다. 그러므로 용무를 간단히 마치고 곧 떠나는 것이 예의이다.

사무실 밖에서 노크를 하고 들어가서 가까운 곳에 앉은 분께 가볍게 인사를 드리면서,

"박용규 씨를 뵈러 왔습니다. 자리가 어디입니까?"

하고 계신 곳을 확인한다.

뵐 분 가까이 가서는 선 채로 공손히 인사를 하고 용무를 조리 있게 말씀드리고, 가지고 간 물건이나 서류가 있으면,

“이 서류를 아버지께서 갖다 드리라고 하셨습니다.”
하고 건네드린다.

“여기 앉아서 잠깐 기다려라.”

“예, 감사합니다.”

의자를 권하면 조용히 앉아 기다린다. 이 때 사무실 안을 너무 두리번거리며 살피는 일이 있어서는 안 되고, 상대편 어른이 하는 일을 너무 가까이 들여다보면서,

“이건 뭐예요?”
하고 꼬치꼬치 캐 묻는 일이 없도록 해야 한다.

뵙는 분이 잘 아는 어른일 때는 간단한 문안 인사를 드리는 것도 괜찮다.

“아저씨, 아주머니께서도 안녕하세요?”

“혜은이 누나도 잘 있는지요?”

이런 안부는 서로를 정답게 해 주는 인사말이 된다.

사무실 안에서는 발소리가 나지 않게 걸어야 하고, 문도 조용히 여닫는 예의를 잊지 말아야 한다.

(2) 접객 예절

◉ 처음 오신 손님에게

집에 처음 찾아온 손님에게는 우선 누구이며 누구를 만나러 왔는가를 확인해야 한다.

그런 다음에는 집 안으로 안내해야 한다.

“안으로 들어오십시오.”

하고 응접실로 안내한 다음,

“잠시 기다려 주세요. 저희 아버지를 모시고 나오겠습니다.”

하고 들어가 아버지께 누가 오셨다고 보고 말씀을 드린다.

손님이 오셨을 때는 무엇보다 친절해야 한다. 응접실에 응접 의자가 마련되었을 때는 의자로 안내하지만 마루나 방에서는 반드시 방석을 내놓고, 여름에는 선풍기나 부채를 내놓는 것도 바람직한 일이다.

또 더울 때는 시원한 음료를, 추울 때는 따끈한 차를 내오는 것이 접객의 예절이다.

혹시 손님이 과일이나 다른 선물을 가지고 왔을 때는 정중히 받아서 현관 안쪽 보이는 곳에 그대로 놓아 두었다가 손님이 돌아가실 때,

"무슨 귀한 과일을 가지고 오셨습니까? 감사히 먹겠습니다."

하고 다시 인사를 드린다.

선물을 가지고 온 손님을 방 안에 두고 버스럭거리며 선물 포장을 뜯는 것은 몹시 경망스럽고 버릇없는 행동이다.

손님이 벗어 놓은 신발은 미리 돌려 놓아 신기 편하도록 하는 것이 예의이다.

집 안에 손님이 와 계실 때는 조용히 하며, 손님이 계신 방 안을 자주 드나들지 않도록 조심해야 한다.

오신 손님이 돌아가실 때는 마당이나 대문 밖에까지 나와서,

"안녕히 가십시오."

하고 공손히 인사를 드린다.

◉ 오래간만에 오신 손님에게

잘 아는 친척 어른이나 부모님의 친구분이 오랜만에 찾아오실 때가 있다. 이러한 손님은 반갑게 맞이하여 안으로 안내해야 한다.

방석을 내어 자리에 모신 다음 절을 올린다.

절을 한 다음 그냥 밖으로 나가지 말고 그 자리에 공손히 꿇어앉아 손님의 한두 마디 말씀을 듣는 것이 예의이다.

"응수야, 네가 올해 몇 학년이냐?"

"5학년이 되었습니다."

"허, 벌써 5학년이라. 그럼 이제는 공부를 열심히 해야겠구나."

"예, 노력하고 있습니다."

그런데 오랜만에 뵙는 어른이 많이 늙으셨다고 손님 앞에서,

"할아버지, 작년보다 아주 많이 늙으셨네요. 작년에는 흰 머리카락이 조금 보였는데 올해는 너무 많아요. 왜 이렇게 늙으셨어요?"

이런 말은 삼가야 한다.

아무리 솔직한 말이라 하더라도 나이 많은 노인에게 늙었다고 하는 말은 그분에게는 듣기 좋은 말이 아니다. 그것은 못생긴 사람 앞에서 얼굴이 밉다고 말하는 것과 같은 이치이다. 오히려 그 사람의 장점과 자랑거리를 찾아 이야기하는 것이 바람직하다.

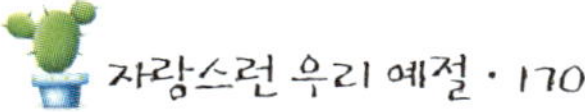

손님이,

“냉수 좀 가져오너라.”

하고 청했을 때는 깨끗한 사기 그릇이나 유리컵에 냉수를 받아 드리되, 반드시 쟁반에 받쳐 올린다. 응접실에서는 탁자 위에 공손히 놓아 드리고, 방 안에서는 앞에 놓아 살며시 밀어서 드린다.

방 안에서 손님은 안쪽으로 모시고, 주인은 문에 가까운 쪽으로 앉는다.

손님의 외투나 모자 등은 받아서 걸어 드리거나, 옷걸이가 없을 때는 손님 곁에 잘 접어 놓고, 모자를 올려놓는다.

손님의 옷이나 모자를 안방으로 들고 들어가 옷장 속에 보관하는 것은 큰 실례가 된다. 또 여자 손님의 경우, 옷은 받아 옷걸이에 걸어 드리지만, 핸드백은 주인이 손대지 않는 것이 예의이다.

오랜만에 오신 손님이 돌아가실 때는 차를 타는 큰길까지 배웅을 해 드리는 것이 바람직하다.

◉ 자주 오시는 손님에게

자주 오가는 손님은 대개 이웃 어른이거나 아주 가까운 친척일 것이다. 이런 분들에게는 너무 번거로운 인사치레가 도리어 부담감을 줄 수 있으므로 예의에 벗어나지 않도록, 그저 자연스럽고 친절하게 맞이하면 된다.

“환이 어머니 오셨어요? 어머니는 설거지를 하고 계세요.”
하고 맞이한 뒤,
“어머니, 환이 어머니 오셨어요.”
이렇게 자연스럽게 말씀드린다.

자주 오는 손님에게는 서로의 집안 식구 이야기, 살림 이야기를 나누게 되고, 어려움이 있을 때 함께 풀어 나가고, 괴로운 일이나 슬픈 일이 있을 때는 나누어 가볍게 하는 것이 아름다움이요, 예의이기도 하다.

가까운 친구들이 집에 찾아왔을 때도 반갑게 맞이해 주고, 내 방에 데리고 들어가 즐겁게 노는 것이 좋은 손님 접대 예의이다.

접대란 반드시 음식이나 물질적으로 손님을 기쁘게 해 드리는 것이 아니다. 그보다는 마음의 자세가 중요하다. 따뜻한 마음이 따르지 않은 음식 접대는 손님을 대하는 올바른 예의가 아니며, 허례 허식에 불과한 것이다.

자주 오는 이웃 어른이나 가까운 친척이 오셨을 때는 별다른 준비 없이 가족이 평소 먹는 식사를 함께 드는 것도 정다운 일이다.

예절이란 서로 마음의 불편을 느끼지 않고 즐겁게 대하는 기본 자세에서부터 시작되는 것이다.